AF389713

REMARQUES CRITIQUES

SUR

LA NOUVELLE EDITION

DU

DICTIONNAIRE

HISTORIQUE

DE

MORERY

Donnée en 1704.

A PARIS,

Chez RAYMOND MAZIERES,
Libraire, rue S. Jacques, prés la rue
du Plâtre, à la Providence.

M. DCCVI.

Avec Approbation & Privilege du Roy.

PREFACE.

CE n'eſt point une Critique du Dictionnaire de Morery que je donne au public ; je n'ay pas aſſez de temerité pour tenter une pareille entrepriſe. M. Bayle aprés de grands efforts , ne l'a pas entierement conſommée : M. le Clerc qui eſt venu aprés lúy , & qui a profité de ſes lumieres , n'a fait que nous donner de nouvelles fautes , ajoûtées aux anciennes, qu'il ne s'eſt pas donné la peine de corriger : en effet l'édition qu'il donna en 1699. n'eſt exacte, à proprement parler, que dans les articles qui ont quelque conformité avec ceux que l'on trouve dans le Dictionnaire critique de Rotterdam. Les deux éditions qui ont paru

PREFACE.

coup sur coup, à Paris, ne sont pas
à beaucoup prés, si défectueuses
que les premières; & ceux qui en
ont pris soin, les ont purgées de
plusieurs fautes que l'on trouve encore dans l'édition de 1699. La
dernière sur tout, paroît avoir été
portée au degré de perfection, où
un ouvrage de cette nature peut at-
teindre : la Chronologie a été ré-
formée ; de variable qu'elle étoit
en plusieurs endroits, elle a été fi-
xée à un ordre certain. Les articles
ont été mis dans une forme plus
commode pour le Lecteur & purgez
de bien de faits apocryphes, qui ne
servent qu'à étouffer la verité, &
à faire douter des points les plus
fondamentaux de l'Histoire, lors-
que les auteurs ont eu l'indiscre-
tion de les confondre : tout y est
enfin dans un ordre agreable pour
un Lecteur avide, & utile pour un
Sçavant : & on doit dire à la loüan-
ge de M. Vaultier, qui s'est chargé

feul du poids immenfe de ce travail, qu'il falloit un homme de fa
patience & de fon affiduité, pour
ne pas fuccomber fous une fi grande entreprife ; fur tout quand on
fçaura qu'il n'a été fecouru de per-
fonne, & qu'à un Religieux prés,
dont les lumieres font bornées à un
certain genre d'érudition, tout le
monde l'a abandonné. Il eft vray
qu'on pourroit luy répondre, qu'il
a receu des memoires, & que s'il
avoit marqué en faire quelque cas,
on luy en auroit fourni davantage
dans le cours de l'impreffion, & à
proportion de l'accüeil qu'on auroit vû qu'il auroit fait aux premiers. Mais ce n'eft pas de quoy il
s'agit icy, & en mon particulier je
n'ay aucune plainte à porter contre
luy au tribunal du public.

Aprés un tel détail, on jugera ai-
fémen de la nature de ce petit ouvrage : il ne contient que quelques
Remarques qui ont échapées à M.

PREFACE.

Vaultier; ce font même, fi l'on
veut, quelques fautes dans lefquel-
les, tout autre auteur, furchargé
d'un auffi grand travail, feroit in-
failliblement tombé: heureux s'il
n'en eut pas fait de plus groffieres !
Dans le nombre de ces fautes, il y
en a quelques unes de particulieres
à certaines nations, à certains païs,
& même à certains cantons, & qui
par confequent n'intereffent gueres
un Lecteur, qui n'aura vû ces païs
que dans la carte; mais comme
j'efpere que ces Remarques pour-
ront fervir à la premiere édition
qu'on donnera du Dictionnaire de
Morery, je n'ay pas voulu negliger
de relever ces legeres fautes, per-
fuadé qu'en les raffemblant dans un
petit volume, un Editeur aura plus
de commodité de les mettre à profit. Il y a d'autres fautes dans le
nombre de celles que j'ay relevées,
qui feront d'une plus ferieufe confi-
deration, & dont un Lecteur, tant

foit peu habile, jugera que la cor-
rection étoit essentielle à la perfection du Dictionnaire historique.

Peut-être, par exemple, ne se
seroit-on jamais avisé dans les nouvelles éditions que l'on pourra donner à l'avenir, de reflechir qu'il
n'y eut jamais de Pont de pierre sur
le Rhin, & peut-être aussi que
sans la remarque que je donne sur
ce sujet, tel Editeur qui se sera pû
trouver au dernier Siege de Brizach, ne laisseroit pas d'écrire aprés
M. Morery, qu'on y passe le Rhin
sur un beau Pont de pierre. La Remarque est triviale, je le veux ;
cependant elle sert à corriger une
faute qui a constamment passée
dans douze éditions, & dans laquelle M. le Clerc, cet habile
Geographe, qui se mêle de criti-
quer Quint-Curce, est tombé comme les autres : c'est une faute d'in-
attention, je le veux encore, elle
ne peut pas même être d'une autre

ã iiij

éspece ; mais en est-elle moins une faute ? Et combien de ces petits auteurs qui n'ont d'autre fonds pour faire des Livres, que le grand Dictionnaire historique, croiront dans la suite qu'on passe le Rhin à Brizach *sur un beau Pont de pierre* : Ces petits livres qui sont copiez les uns des autres, ayant une fois donnez un cours à cette fausse tradition, il n'en faudroit pas davantage dans quelques siecles, pour faire une opinion probable de celle qui porte aujourd'huy, *qu'il y a un Pont de pierre à Brizach* : & de-là des contestations entre les Geographes, de la nature de celle que nous voyons de nos jours, entre M. le Clerc & M. Perizonius, sur des passages du célebre Historien d'Alexandre le Grand.

L'opinion que commence à établir la nouvelle édition du Dictionnaire de Morery, sur l'année de la mort du Roy Jacques II. ne

PREFACE.

sera-t-elle pas aussi un jour la matiere d'un procez entre les Chro-
nologistes? fondez sur des titres
incontestables, les uns placeront
cette mort sous l'année 1701. les
autres viendront l'édition de 1704.
à la main, soûtenir que ce Prince
n'est mort qu'en 1702. Les écrits se
multiplieront, & peut-être aussi
les injures; & tout cela par la
negligence d'un Historien.

Par ces deux traits, choisis d'entre plusieurs autres, on peut juger de l'utilité de ces Remarques,
qu'on n'a répandu que sur le fonds
même des choses; car si on se fût
voulu arrêter aux fautes d'impression, il y eût eû de quoi faire un
gros volume.

TABLE

Des Articles contenus dans ces Remarques.

TABLE.

TABLE.

Fin de la Table.

REMARQUES
CRITIQUES
SUR LA NOUVELLE EDITION
DU
DICTIONNAIRE HISTORIQUE
DE
MORERY,
Donnée en 1704.

ACTOR.

Onsieur Bayle avoit déja reproché à Mr Morery d'avoir changé ce mot en celuy d'*Actorius*. Cette faute a été à la verité corrigée dans la

A

nouvelle édition ; de même
que celle où il eſt dit qu'Ovide
a parlé d'un *Actorius*. Ces paroles, *quæ fuit Actoridæ cum ma-
gno ſemper Achille* , ne devant
point s'entendre d'un homme
qui s'apelle *Actorius* , mais de
Patrocle , que les Poëtes diſtin-
guent ordinairement par le
nom Patronimique d'*Actorides* ,
qui ne ſignifie autre choſe ,
qu'*iſſu d'Actor*. L'explication que
Monſieur Bayle a donné de la
penſée du Poëte , eſt tres-éten-
duë ; & il ne tenoit qu'à ceux
qui ont donné l'édition de 1699
& de 1704, d'en profiter, s'ils
euſſent voulu conſulter le Dictionnaire critique. J'avouë qu'il
eſt penible de conſulter ſur cha-

que article tous les Critiques &
tous les Interpretes ; mais c'eſt
auſſi en quoy ces Remarques
ſeront d'une grande utilité à
ceux qui entreprendront dans
la ſuite une nouvelle édition,
puiſque je raſſemble dans un
tres-petit volume, une partie
des fautes qui ont paſſées dans
les anciennes éditions, & qu'en
peu de temps on les pourra par-
courir.

Mais ſi le nouvel Editeur,
ſur l'ouvrage duquel je fais des
Remarques, a corrigé cet article en quelques endroits, il
l'a alteré en pluſieurs autres :
en voicy la preuve.

Dans l'article d'Actor le Lo-
crien, l'Editeur eut dû remar-

quer, que Pelée gendre de cet Actor, étoit petit fils d'Egine son épouse; & qu'ainsi Polymele fille d'Actor & d'Egine, fut tout ensemble tante & épouse de Pelée; elle étoit sa tante, parce qu'elle étoit sœur d'Eacus son pere : d'ailleurs Jupiter étoit ayeul de Polymele & grand pere de Pelée. Dans l'article d'Actor fils d'Axeas & pere d'Astyoque, l'Editeur se trompe en disant que celle-cy eut deux fils de Neptune; c'est de Mars qu'elle eut ces deux fils qui commanderent les troupes d'Aspledon, & d'Orchomene au Siege de Troye. L'Editeur pourroit avoir pris cet *Actor* pour l'*Actor* dont parle Pausanias dans son cinquiéme Livre, & qui étoit fils de Neptune, & d'Agamede fille d'Augeus. On peut consulter sur ce sujet le dixiéme Livre de l'Iliade. On void par là que l'Editeur a renversé ces deux articles, & que de deux Actors, il n'en a fait qu'un, qu'il fait beau-pere de Neptune ; au lieu que c'est du second des deux dont je viens de parler, que ce Dieu étoit pere.

A D A M.

Morery dit que Joseph raporte, qu'Adam grava sur deux diverses tables, des observations qu'il avoit faites sur le cours des aſtres. Ce n'eſt pas là le langage de cet ancien Hiſto-rien ; il dit ſeulement dans le ſecond chapitre du premier li-vre de ſes Antiquitez , que les deſcendans de Seth fils d'A-dam, furent les inventeurs de l'aſtrologie , & qu'ils firent gra-ver les principes qu'ils venoient de découvrir , ſur un pilier de brique , & ſur un autre de pier-re , afin de les garentir de la deſtruction generale qui , ſe-lon qu'Adam l'avoit prédit , devoit arriver une fois par le feu , & l'autre par le dé-luge. Morery dit auſſi , que le premier homme impoſa le nom aux plantes , & l'écriture ne luy attribuë cependant que l'in-

vention du nom des bêtes. L'E-
diteur a adopté la premiere de
ces erreurs, & a corrigé à la
verité, la seconde.

ADAMITES.

Morery fait dire à Saint
Epiphane, que les Temples
des Adamites étoient des lieux
infâmes, à cause des crimes
abominables qu'ils commet-
toient dans ces cavernes d'hor-
reur & de prostitution. Ce S.
Pere ne parle point ainsi, dans
le sommaire de son second livre ; il dit simplement que "
les Adamites s'assemblent tout "
aussi nuds qu'ils étoient au sor- "
tir du ventre de leurs meres , "

„ & en cet état ils font leurs
„ lectures, leurs Oraifons, &
„ leurs autres exercices de Re-
„ ligion. D'ailleurs Morery a
avancé trop legerement, qu'il
y avoit une Secte de ces Heretiques en Angleterre. Cela eft
abfolument faux, & l'Editeur
a corrigé cet endroit, mais il
n'a pas eû la même précaution
à l'égard du texte de S. Epiphane.

ADRICHOMITES.

Morery s'eft trompé dans
cet article, en prenant *Trajec-*
tum pour Utrecht, au lieu de le
prendre pour Maeftricht. Il dit
enfuite que l'Adrichomites pu-

blia luy même son Theâtre de la
Guerre Sainte ; & il est sûr que
cet ouvrage ne fut publié qu'a-
prés sa mort, d'ailleurs ce même
Bibliographe partage en deux
cet ouvrage , en remarquant
que le Theâtre de la Terre
Sainte , est different de la des-
cription de la Terre Sainte , &
ce n'est qu'un même ouvrage.
L'Editeur a corrigé la premiere
faute, & a adopté la seconde.

ADRIEN VI.

Dans un article où il est
parlé de ce Pape ; on le fait de
la maison de Fiesque. Je vois
bien qu'on a voulu parler d'A-
drien V. qui veritablement en

étoit : Mais enfin, c'eſt toûjours une faute qu'il eſt neceſſaire de corriger dans les éditions qu'on pourra donner dans la ſuite ; car il n'eſt rien de ſi different qu'Ottobon de Fieſque qui fut Pape ſous le nom d'Adrien V. & qu'Adrien Florent, qui le fut ſous celui d'Adrien VI. Le premier vivoit dans le 13ᵉ ſiecle, & l'autre dans le 16ᵉ.

A I N S.

Cet article étoit exact dans les éditions précedentes, & on l'a alteré dans celle-cy. La riviere d'Ains * qui vient du Comté de Bourgogne, & qui ſepare la Breſſe du Bugey, eſt

* *Ens, indis, indus, Danus & Idznus,* en Latin.

mal nommée dans la derniere édition, la rivierre du Dain. Guichenon qui a fait l'Histoire de ces deux petites Provinces, est le Juge naturel de cette question. On n'a qu'à le consulter, on verra comme il y critique Cousin & Masson, au sujet de cette riviere.

ALCIAT.

L'Editeur a oublié dans l'article d'André Alciat Jurisconsulte de Milan, de faire mention de l'ouvrage suivant, parmi ceux qu'il luy attribuë : *Rerum patriæ seu Historiæ Mediolanensis, lib.* 4. *ex M. S. Bibliothecæ Ambrosianæ.* Il étoit naturel de ne pas oublier dans l'article d'un auteur célebre, l'ouvrage qu'il a confacré à la gloire de fa patrie.

A L E A N D R E.

En parlant de la mort de ce Cardinal, Morery ne s'étoit pas expliqué fur l'ouvrage qu'il étoit preft de publier lorfqu'il mourut ; mais l'Editeur déclare que c'eft de fon grand ouvrage contre les Profeffeurs (*Opera contra j. Profeffori Lorenz. cras*) qu'il faut entendre les paroles de Morery ; cependant il n'eft pas fûr que ce fût le même auquel le Cardinal travailloit quand il mourut, & Monfieur Bayle n'en eft pas certain :

Ainsi quand un critique de
cette penetration flote sur un
sujet, un autre ne doit pas aisément prendre son parti. L'E-
diteur en faisant l'énumeration des ouvrages de ce grand
Cardinal, a oublié de parler
de ses Tables de la Grammaire
grecque.

ALEXANDRE.

J'aurois crû que l'Editeur auroit corrigé dans cet article,
une mauvaise locution de son
auteur; du moins je l'appelle
mauvaise, parce qu'elle donne
lieu à un équivoque, la voicy.
Darius n'avoit point voulu faire le
dégât dans l'Asie, selon l'avis de

Memnon : A juger de cette ex-
preſſion par le ſens qu'elle pre-
ſente à l'eſprit , on eſt auſſi
porté à croire que Memnon
avoit conſeillé de ne point faire
le dégât , qu'on l'eſt à croire
qu'il l'avoit conſeillé ; tant il
eſt vray que l'intelligence dé-
pend ſouvent de l'arrangement
des mots & du tour d'une phra-
ſe. Si l'Editeur avoit lû avec
exactitude toutes les Remarques qui ont été faites ſur les
differentes éditions de Morery , cette faute ne luy auroit pas
échapée.

A L M A I N ,

En parlant de ce célebre

Docteur de l'Univerſité de Paris, on ne devoit pas oublier dans l'énumeration de ſes ouvrages, celuy qui regarde les Laïques. Les circonſtances même du temps, devoient engager l'Editeur à en parler avec un peu d'exactitude.

ARLENIUS.

J'aurois crû que cet auteur qui vivoit ſous l'Empire de Charles-Quint, & qui ſe donna dans le monde le nom de Peraxylus, ſeroit placé dans la nouvelle édition du Diction-naire. La belle édition de Joſephe qu'il donna en grec, ſur l'excellent manuſcrit de Dom

Diego de Mendozza Ambaſſa-
deur de l'Empereur à Veniſe,
à la ſuite duquel il étoit, luy
devoit meriter cette place :
d'ailleurs Arlenius étoit un excellent Poëte. Morery & ceux
qui ont travaillé aprés luy à
ſon Dictionnaire, ne ſont pas
les ſeuls qui ont ignoré le merite de ce grand homme.

BASIN.

Armand Baſin de Beſons,
n'eſt pas Archevêque d'Aix,
comme le dit l'Editeur, mais
de Bourdeaux, & il a ſuc-
cedé en cette dignité à feu M.
de Bourlemont.

BAVIERE

Baviere.

Cet article n'eſt pas exact, & l'Editeur varie dans ſa chronologie. L'Empereur Frederic III. n'étoit pas beau-pere d'Albert IV. Duc de Baviere, que l'on ſuppoſe avoir épouſé Cunegonde fille de ce Duc; au contraire Frederic III. épouſa en ſecondes nôces Cunegonde, fille de Louis de Baviere ſon plus grand ennemi; & il eut de ce ſecond mariage Eliſabeth, épouſe de Gautier, Comte de Schwartberg. Or Louis de Baviere, qui fut depuis Empereur, & IIIe de ce nom, étoit quatriéme aïeul d'Albert I V. Duc de Baviere. Et comment donc celui-ci peut-il avoir été gendre de l'Empereur Louis III. & par conséquent son contemporain ?

L'Editeur a peut-être voulu dire qu'Albert IV. du nom Duc de Baviere, épousa Cunegonde fille de l'Empereur Frederic I V. Mais s'il nomme ce Frederic IIIᵉ *du nom*, il faut donc qu'il ne compte pas dans le nombre des Empereurs Frederic, dit *le beau*, III ᵉ du nom, fils de l'Empereur, Albert I. & petit fils de l'Empereur Rodolphe I.

Il est vray que l'Empereur Louis de Baviere lui disputa l'Empire ; mais le Pape Jean

XXII. & une grande partie
des Princes de l'Europe, le re-
connurent. De quelque ma-
niere que la chose soit, l'Editeur devroit être constant dans
les principes de sa chronologie, & il l'est si peu, qu'il
nomme ce Prince *Frederic* IIIe
lorsqu'il le fait beau-pere d'Albert IV. Duc de Baviere, & Frederic IVe lorsqu'il remarque
que Louis de Baviere, dit *le riche,*
déchira par mépris les lettres
que cet Empereur lui écrivit
en l'année 1457.

Au reste, c'est la mort de l'Empereur Henry VII. de la maison
de Luxembourg, qui causa la
double élection de Frederic
d'Autriche & de Louis de Ba-

viere ; c'eſt ce même Henry
que l'on dit, qui fut empoi-
ſonné dans une Hoſtie con-
ſacrée.

BEAUPOIL.

Louis de Beaupoil de Saint
Aulaire , eſt mal nommé le
Marquis *Danmarie* ; on devoit
dire *Lanmarie*. C'eſt une faute
qui eſt particuliere à cette édition, & c'eſt en parlant de feu
Monſieur Perrault, que l'Editeur y eſt tombée.

BELLAY.

Dans toutes les éditions du
Dictionnaire Hiſtorique , &

dans cette derniere comme dans les premieres, en parlant des dignitez de l'Eglise de Bellay, on a oublié celle d'Archidiacre, & on lui a substituée celle de Chantre. Cette derniere n'est point une dignité dans cette Eglise, & celle d'Archidiacre est la seconde : d'ailleurs la penultiéme lettre de *Belley* n'est point un *a*, mais un *e*. Cette Eglise a produit de grands sujets.

BOILEAU.

Gilles Boileau, Intendant des menus plaisirs du Roy, frere du célebre Monsieur Despreaux, & de Monsieur l'Abbé

Boileau, Docteur de Sorbonne, étoit mort avant l'année 1671, où toutes les éditions de Morery placent sa mort, puisque Monsieur de Montigny qui eut sa place à l'Academie Françoise, y fut receu dés l'an 1669. Cette faute a passé dans toutes les éditions, dans celle-cy comme dans les autres.

BRANCAS.

Monsieur l'Abbé de Brancas qui vit aujourd'huy, n'est pas fils de Magdelaine Claire de Lenoncourt, premiere femme du feu Duc de Villars, mais de Magdelaine Girard sa seconde femme.

B R I Z A C H.

Voicy une faute qui eſt é-
chapée à Monſieur Vaultier ,
comme à Monſieur le Clerc ,
& aux autres Editeurs du Dictionnaire de Morery. Eſt - il
permis d'ignorer qu'il n'y a aucun Pont de pierre ſur le Rhin ?
& que la rapidité de ce fleuve
a toûjours empêché qu'on y
en puiſſe conſtruire ; cependant ils diſent tous avec beaucoup de fermeté dans l'article
Brizach , que cette ville eſt *ſi-*
tuée ſur le Rhin , qu'on y paſſe ſur
un Pont de pierre : il n'y a ſur
cette rivierre que des Ponts de
bois, & même ce ne ſont que

des Ponts de batteaux. Le premier Pont que l'on trouve en remontant vers la source de ce fleuve, c'eſt le Pont de Conſtance, & le dernier, c'eſt celui de Straſbourg. Il eſt vray qu'autrefois Céſar en fit conſtruire un de bois, au - deſſous de Mayence, pour faire paſſer ſon armée, mais il ne ſubſiſte plus.

C A M U S.

L'Editeur nomme, le fameux Evêque de Belley, *Jean - Pierre le Camus*, au lieu de *Jean-Pierre Camus*. C'eſt une faute qu'il n'a pas pris des anciennes éditions, puiſqu'elle n'y eſt point, mais qu'il a faite, en confon-

dant

dant fans doute les Maifons de
le Camus , & de *Camus* , qui
font pourtant fort differentes.
La premiere eft une ancienne
Maifon de la Robbe de Paris,
dont eft M. le Cardinal le Ca_
mus. Et la feconde eft d'une
Nobleffe militaire , quoyque
quelques-unes de fes branches
foient aujourd'huy dans la Robbe. En parlant de Jean - Pierre
Camus , Evêque de Belley ,
je dois remarquer que c'eft
mal-à-propos que l'auteur de
la Gazette de Paris , en annon-
çant l'année paffée ou la pré-
cedente , la mort de M. de Camus , Abbé & General de l'Or_
dre de S. Ruf , dit , que cet Ab_
bé étoit, neveu de cet Evêque ;

ils étoient de la même maison,
mais certainement l'Evêque
n'étoit pas oncle de l'Abbé.

CANADA.

Cet article est assez curieux,
mais en verité, on ne devoit pas
oublier de rendre la justice qui
est duë aux Jesuites, en parlant
des premiers Apôtres qui ont
planté la Foy dans ces terres
nouvellement découvertes. Il
est peu de Societez Religieuses
à qui on ait tant d'obligation
qu'à celle-là, & qui se soient
employées avec tant de cou-
rage & de zele, à annoncer les
veritez du Christianisme à ces
peuples sauvages.

Christine de Baden.

L'Editeur s'est broüillé, au sujet de cette Princesse, qui fut troisiéme femme d'Albert Marquis d'Anspach ; c'est dans l'article de Brandebourg Anspach. Il remarque d'abord qu'Albert n'eut que deux femmes, & ensuite ne se souvenant pas sans doute, de la premiere proposition qu'il avoit avancée, il nomme les trois Princesses qui furent épouses de ce Marquis. Je ne sçai pas le veritable sentiment de nostre auteur sur ce point historique; mais quoiqu'il en soit, il est tres-certain que Christine de Baden Dourlach,

fut la troisiéme femme d'Albert de Brandebourg Marquis
d'Anspach, & que ce Prince
est le grand-pere de la nouvelle
Princesse d'Hanover.

CLAIRVAUX.

Cette Abbaye n'est pas Chef
d'Ordre, elle est seulement une
des quatre principales Filles de
Citeaux: Or si cette Abbaye
étoit Chef d'Ordre, comme on
le dit dans la nouvelle édition,
l'Abbé ne seroit pas soûmis à la
Jurisdiction de l'Abbé de Citeaux; c'est pourtant un fait
constant, & aisé à verifier, qu'il
l'est.

CLEMENT XI.

Voicy une simple faute d'in-
attention ; car outre qu'elle
n'est pas commune à tous les
articles où il est parlé de ce
Pontife, c'est qu'il est impossi-
ble de se persuader que l'Editeur ignore, que Clement XI.
qui est aujourd'huy sur la Chaire
de S. Pierre, n'est pas le successeur immediat d'Alexandre
VIII. puisque Innocent XII.
dont le gouvernement sera un
jour si célébre dans l'Histoire,
à cause des grands évenemens
qui sont arrivez de son tems, a
regné entre ces deux Pontifes ;
on dit cependant dans un en-

droit de la nouvelle édition ,
que Clement X I. a succedé à
Alexandre V I I I.

C L U S A.

On semble douter dans l'article de Jacques Clusa Religieux
de Citeaux , qui se fit depuis
Chartreux , que cet auteur soit
une personne differente de celui
qui est connu sous le nom de
Jacques de Paradis ; il semble
même que l'auteur de la nouvelle édition ne veüille pas dis-
tinguer ces deux auteurs. Cet
article ne devoit pas être traité
si superficiellement , & l'autorité de ceux qui ont distingué
Jacques de Clusa , & Jacques

de Paradis, n'étoit pas si petite, qu'il fallut traiter cette
question avec tant de negligence.

CÔME.

Parmi les auteurs qui ont
parlé de Côme, ou du lac de
Côme, l'Editeur ne parle point
d'une Histoire ou d'une Des-
cription de cette Ville, qui ne
contient à la verité que deux
pages, & qui a été composée
par M. Duker, lequel la tirée
de plusieurs auteurs. On y a
ajoûté le plan de cette Ville : M.
Duker fut empoisonné en Sicile
en 1635. Camille Ghilini Ecrivain du 16° siecle, & qui est

un des meilleurs auteurs latins
de ce tems-là, a auffi fait une
Defcription du lac de Côme.
L'ouvrage n'eft que de trois pages, & il a eu la même deftinée
que celuy de Duker, c'eft-à-
dire, qu'il a été oublié, de même que la été la Defcription du
lac de Côme en huit pages, faite
par Paul Joue. Il eft étonnant
que dans un feul article trois
auteurs de ce merite, foient
oubliez.

CREMONE.

L'Editeur a oublié dans l'énumeration des auteurs qui ont
parlé de cette Ville, Loüis Cavitelli qui en a compofé les

Annales, depuis la fondation jusques à l'année 1583. Elles font fort amples, parce que l'auteur ne fe renferme pas tellement dans fon fujet, qu'il n'y joigne fouvent des faits qui ont raport à l'Hiftoire generale d'Italie, & même à divers endroits de l'Europe. Cet ouvrage, quoyqu'écrit dans un fiecle où les belles - lettres commençoient à fe rétablir, n'en eft pas plus pur. L'Editeur, non plus que Morery, ne donne pas même un article particulier pour Cavitelli.

CREQUI.

Il y a une erreur dans la derniere édition au sujet du Marquis de Crequi , tué à la Bataille de Luzzara. On y remarque que ce Seigneur a laissé des filles de Dame N... d'Aumont son épouse, cela est absolument faux : ce Marquis n'a point laissé de posterité, & par sa mort le Comte de Canaples son oncle, aujourd'huy Duc de Lesdiguieres , qui étoit le second des fils de Charles II. Sieur de Crequi, qui fut tué au Siege de Chambery en 1630. est entré en possession des biens substituez : on juge bien que la substitution n'auroit pas été ouverte en sa faveur, si le Marquis de Crequi avoit laissé des filles.

D E N I S.

L'éloge de ce Chartreux eſt
exceſſif ; il eſt juſte, je l'avoüe,
mais enfin il falloit faire voir
ſur quoy on le fondoit, & dire
quelque choſe des ouvrages ad-
mirables de ce Solitaire ; de ces
ouvrages, dis-je, qui obligerent
le Pape Eugene IVe de s'écrier
en les liſant, *lætetur Mater Ec-*
cleſia quæ talem habet filium. Le
Livre qui a donc plus fait d'honneur au Chartreux Denis, c'eſt
ſon Traité de l'autorité du Pape
& du Concile ; & je ne doute
pas que ce ne ſoit la lecture de
cet ouvrage qui attira l'excla-
mation du Souverain Pontife.

Denis Rikel a été conftam-
ment une des plus grandes lumieres de fon Ordre, & même
de l'Eglife.

D I E P P E.

Dieppe eft à douze lieuës
de Rouën, dans la fupputation
même la plus exacte ; ainfi
c'eft pour le moins une faute
d'exactitude, de dire qu'il n'y
a que dix lieuës de l'une de ces
Villes à l'autre. J'avoüeray, fi
l'on veut, que la faute n'eft pas
d'une grande confequence,
mais elle pourra paroître digne
de l'attention d'un Geographe ;
& dans un Dictionnaire univer-
fel, il faut fatisfaire tout le
monde.

Dieu-Donné.

Il est étonnant, qu'on n'ait
encore corrigé dans aucune
édition de ce Dictionnaire, cet
article ; l'erreur qu'on y fait est
capitale, puisqu'elle confond
deux Papes en un seul. Il est
certain qu'il y a eu deux Papes
du nom de *Dieu-donné*, ou *Deus
dedit* ; le premier succeda à Bo-
niface I V. au commencement
du septiéme siecle, c'est à dire,
l'an 614. mais outre celuy-là
dont parle Morery, il y en a
eu un second qui succeda à Vi-
talien environ l'an 669. année
de la mort de ce dernier. Morery a pris cette erreur de Pla-

rine & d'Onufre, qui confon-
dent ces deux Papes. Mais ce
qui m'a furpris, c'eft qu'on
trouve les deux *Dieu-donné* dans
la Table chronologique des
Papes à l'article de *Rome*. C'eft
ce qui fait voir le peu d'exactitude & d'attention des Editeurs : D'ailleurs le fecond *à
Deo datus*, ou *Dieu-donné* regna
fept ans, deux mois, & dix-
fept jours ; ainfi le tems de fon
adminiftration eft affez long
pour devoir être cité. Il s'eft
même paffé des chofes confiderables fous fon Pontificat,
qui auroient pû fervir d'époque aux Hiftoriens. C'eft ce
Pape qui permit aux Venitiens
de fe choifir un chef, & de créer
un Duc.

EGHMONT.

Ce n'est pas parler exacte-
ment, que de dire que le seul
qui reste de l'illustre maison
d'Eghmont, c'est M. le Comte
d'Eghmont qui a épousé Mlle de
Colnac ; c'est pourtant ce que
dit nostre Editeur, comme s'il
avoit visité toutes les Provinces
de Flandres, pour verifier si
cette grande maison est reduite
à la seule personne de M. le
Comte d'Eghmont qui est en
France.

ENCYCLOPEDIE.

Ce nom me fait souvenir

qu'on a oublié de parler du Livre qu'André - Mathieu Aquaviva Duc d'Atri dans le Royaume de Naples, fit fous ce titre. La maifon Aquaviva a produit de fçavans hommes.

ESPINAY DU RETAL.

Cet article geñealogique n'eft pas exact; on y dit que Richard d'Efpinay fut Grand Maître, & Grand Chambelan de Bretagne; & c'eft une erreur, puifque ce fut Robert pere de Richard, qui fut revetu de ces dignitez : On a encore fait une autre faute dans ce même article, lorfqu'on y dit que Guy II. d'Efpinay époufa Jeanne ne d'Eſtouteville : ce n'eſt pas Guy II. qui épouſa cette Dame, ce fut Henry d'Eſpinay. Enfin on ne dit pas que Claude d'Eſpinay fils de Marguerite d'Eſpreaux, & qui épouſa Jeanne de la Rochefoucauld, laiſſa outre Françoiſe, Charles d'Eſpinay qui épouſa Marguerite de Rohan dont il n'eut point d'enfans, & ainſi ſes biens retournerent à ſa ſœur. C'eſt à ceux qui auront ſoin de la premiere édition de ce Dictionnaire, à retoucher cet article, conformement à ces Remarques.

ESPERNAY.

L'auteur de la nouvelle édi-

tion ne rend pas justice à l'ancienne ville d'Espernay, lorsqu'il n'en fait qu'un Bourg.
On avoit lieu d'esperer qu'il
corrigeroit sur cet article, les
premieres éditions. Ceux qui
voudront être instruits de l'an-
tiquité de cette Ville qui est
dans la Champagne, n'auront
qu'à consulter une Lettre adressée au Pere de Villers, & in-
ferée dans les Memoires de
Trevoux du mois de May de
cette année : mais l'auteur de
la Lettre impose à celuy de la
nouvelle édition du Dictionnaire, lorsqu'il luy reproche
d'avoir dit qu'Espernay n'est
qu'un Village ; l'Editeur s'est
moins éloigné de la verité, puis-

qu'il a donné à ce lieu la qualité de Bourg.

E s t.

L'Editeur a varié en parlant de Marie Eleonor d'Eſt, aujourd'huy Reine d'Angleterre ; on l'a oublié en certains endroits, & en d'autres elle n'eſt point dans ſon rang. Cette Princeſſe eſt fille d'Alfonſe IV. Duc de Modene & de Reggio , & de Laure Martinozzy , niece du feu Cardinal Mazarin ; le feu Duc de Modene, François II. étoit ſon frere , & le Duc de Modene d'aujourd'huy , autrefois Cardinal d'Eſt, eſt ſon oncle. Ce Prince qui a ſuccedé à

fon neveu mort fans enfans ;
eft frere du feu Duc Alfonfe
IV. C'eft fur ce pied-là qu'il
faut retoucher cet article dans
les éditions que l'on donnera
dans la fuite.

FELIBIEN.

Dans l'article de Meffieurs
Felibien, on a oublié M. l'Abbé Felibien , Archidiacre de
Chartres, qui eft frere, fi je
ne me trompe, de celuy qui
nous a donné cette belle Hiftoire des Peintres. M. l'Abbé
Felibien eft affez connu dans
la Republique des Lettres ,
pour devoir être cïté dans
cette occafion. Le *Pentateuchus*

Historicus, &c. qu'il a donné depuis quelques mois, devoit ce me semble, luy assurer une place dans un Dictionnaire où sa famille en tient une considerable.

FRANÇOIS II.

Dans l'article de ce Prince, on met sa naissance sous l'année 1543. (le 20. Janvier) on vouloit dire sans doute 1544. l'erreur n'est que d'une année ; mais une année est considerable à l'égard d'un Prince qui n'en a vêcu que seize & quelques mois. Ce Prince mourut le 5. Decembre 1560. Or depuis le 20. Janvier 1543. jusqu'au 5. Decembre 1560. on trouveroit certainement plus de dix-sept ans.

FURAN.

Est une petite rivierre du Bugey qui serpente à une lieuë de Belley, & qui se jette dans le Rhône auprés de Pierre-chatel. L'Editeur la nomme mal *le Foran.*

GENES.

En parlant de cette Ville & de *Jacques Bracelli* qui étoit de Sarzane, dans l'état de Genes, Morery & ses Continuateurs usent d'une exageration qu'on ne

ſcauroit leur pardonner. *Jacques
Bracelli*, diſent-ils, *laiſſa auſſi un
Livre des Hommes illuſtres de Genes, qu'il adreſſa à Loüis de Piſe
Jacobin, &c.* Ces termes con-
viennent-ils à un petit ouvrage
de trois ou quatre pages, &
qui eſt à la ſuite d'un autre de
la même grandeur, qu'il inti-
tula, *Deſcription de la Côte de
Genes*, c'eſt-à-dire du Païs, qui
s'étend depuis le Var juſques à
la Macra? Ce que Soglieta,
Juſtiniani, Leandre Alberti,
Faſcio, & *de Voragine*, ont écrit
ſur le même ſujet, eſt plus éten-
du. Philipes Beroalde compare
le ſtile de Bracelli à celuy de
Céſar.

GASPARD BARTHIUS.

Le célebre Gaspard Barthius n'étoit âgé que de 71. ans & trois mois moins cinq jours, lorsqu'il mourut ; l'Editeur luy donne cependant *un peu plus de 72. ans de vie* ; voicy la preuve de l'erreur. Barthius naquit le 22. Juin de l'année 1587. & il mourut le 17. Septembre 1658. il n'y a qu'à compter. Cet auteur si célebre parmi les sçavants, a été fort maltraité par Vossius, & il maltraita fort à son tour, Sciopius dont il fut un des plus rudes adversaires. Barthius étoit un second Ecrivain ; & si on est en droit de luy reprocher

cher

cher quelque chose sur les ouvrages qu'il donnoit au public;
c'est la facilité avec laquelle il
les composoit.

JACQUES II.

Dans tous les articles où il
est parlé du feu Roy d'Angleterre Jacques II. on place sa
mort sous l'année 1702. il est
étonnant qu'à trois ou quatre
années de distance d'un évene-
ment, on s'y trompe déja d'u-
ne année. Où en seroit - on
donc, si ce Prince étoit mort
depuis 30. ou 40. ans ? C'est
une faute inexcusable, puisque
pour l'éviter, l'Editeur n'avoit
qu'à prendre le premier Alma-

nach qui luy feroit tombé fous la main, il y auroit appris que ce Prince mourut en 1701. & il auroit fixé par là fa chronologie.

S. Justin.

Dans l'article de ce Pere, l'Editeur ne devoit pas oublier de dire, qu'il fut un des plus grands adverfaires d'Ariftote. S'il avoit confulté le feptiéme Livre d'Eufebe, & la Bibliote-que des Auteurs Ecclefiafti-ques de S. Jerôme, il eut pû voir avec quelle ardeur ce Pere de l'Eglife fe déchaîna contre le Prince des Philofophes. Il publia un Traité dans lequel il refutoit plufieurs dogmes de la Philofophie d'Ariftote, & où il faisoit voir les consequences pernicieuses qu'on en pouvoit tirer ; en parcourant les siecles, on en trouveroit peu qui n'aïent fourni des adversaires de la Philosophie peripateticienne ; il est vray que tous ceux qui l'ont attaqué, n'ont pas égallement reussi à la décrier ; & il semble qu'il étoit reservé à M. Descartes de luy porter les plus rudes coups.

LE FERON.

Dans cet article, on dit que feuë Madame la Duchesse de Chaulnes n'avoit ny freres ny sœurs, en un mot qu'elle étoit fille unique. Monsieur le Marquis de la Frete qui vit encore aujourd huy, ne conviendroit pas de cette proposition.

LE JAY.

Cet article eſt défectueux, en ce que le nom de Catherine de la Boutiere qui vient de mourir, & qui avoit épouſé feu Nicolas le Jay Baron de Tilly, & de la Maiſon rouge, & Conſeiller au Parlement de Paris, mort en 1700. eſt eſtropié : on l'écrit *N. . de la Boutire* : d'ailleurs on met dans le même article la mort de feu M. le Jay Evêque deCahors en 1679. on ne ſe trompe ſur ce dernier article que d'environ douze ans puisqu'il n'y a que ce tems-là que feu M. le Jay qui succeda en l'Evêché de Cahors à M. de Noailles, aujourd'huy Cardinal & Archevêque de Paris, est mort.

L O D I.

Dans l'article de Lodi, Ville d'Italie, on ne parle point de l'Histoire qu'Othon Morena a composée sur ce sujet, & qu'A-cerbus Morena son fils a continuée. Cet ouvrage est, à pro-prement parler, l'Histoire de ce que Frederic Barberousse fit en Lombardie depuis 1154. jusqu'en 1168. principalement par rapport à la Ville de Lodi.

Les deux Morena moururent avant ce Prince, ainſi ils ne purent pas pouſſer leur Hiſtoire plus loin. Ils étoient tous deux dans le parti de Frederic; d'où l'on peut legitimement conclure, qu'ils n'ont pas écrit d'une maniere tout-à-fait deſinteceſſée. C'eſt ſans doute ce qui a obligé Baronius à les maltraiter dans ſes Annales Eccleſiaſtiques, il en parle avec des termes tres-deſobligeans; mais ce Cardinal étoit encore plus partial pour le Pape, que les Morena ne l'étoient pour l'Empereur, quoiqu'ils écriviſſent, pour ainſi dire, ſous ſes yeux. Çe qu'il y a d'avantageux pour ces deux auteurs, c'eſt qu'ils n'écrivirent que ce qu'ils avoient vûs. Leur latinité est de la nature de celle du 12e siecle, c'est-à-dire, tres-mauvaise. Felix Osio Professeur de Rhetorique à Padouë, a fait de longues Notes sur cette Histoire, qui meritent d'être lûës.

L'Editeur donne un article de Morena, mais il dit d'une maniere tres-confuse, qu'Othon Morena composa l'Histoire de Frederic Barberousse, & que son fils acheva; cela est absolument faux, puisque cet Empereur leur survêcut: d'ailleurs cet ouvrage est plus l'Histoire des guerres du Lodi, que celle de cet Empereur. On appelle ordinairement *Histoire*, le détail des actions d'un homme, depuis le

commencement de sa vie, juf-
qu'à sa mort. Or les Morena
n'ont pas pû écrire le détail des
actions de Frederic Barberousse,
depuis sa naissance jusques à sa
mort, . puisqu'ils moururent
tous deux avant cet Empereur.

LE MERCIER.

L'Editeur ne s'explique pas
d'une maniere assez exacte, au
sujet de Jean le Mercier, Professeur Royal en Langue Hebraïque à Paris, lorsqu'il dit
que ce sçavant homme traduisit
du grec en latin Harmenopule.
A en juger par ces mots, il n'est
personne qui ne croye que le
Mercier a traduit tous les ouvrages de cet auteur grec ; il
est pourtant certain qu'il n'en

a traduit que le *Prochiron*, ou *promptuarium juris civilis*. Ceux qui ne connoîtroient les ouvrages d'Harmenopule, que sur l'idée qu'en donne Morery, ou ses Continuateurs, ne douteroient pas un moment, au langage qu'ils tiennent, que le Mercier ne les eut tous traduit, parce qu'ils ont tous été assemblez dans un seul corps.

L E Y M E.

Ce mot étoit bien dans les premieres éditions, & on l'a alteré dans celle-cy, en mettant *Leyne*, au lieu de *Leyme* : c'est une Abbaye de Filles qui est dans le Diocese de Cahors, dont il est parlé dans l'article *Noailles*, au sujet de Françoise

de Noailles grand-tante de M.
le Marêchal & de M. le Cardinal de Noailles, qui la poffe-
doit, & qui eft morte depuis
peu.

LORRAINE.

Dans l'article de Lorraine,
l'Editeur a fait une faute bien
groffiere : il y fait Catherine
de Bourbon, fœur du Roy Henry IV. & époufe d'Henry Duc
de Bar, mere des Princeffes
Nicole & Claude de Lorraine,
la premiere époufe de Charles
qui fut enfuite Duc de Lorraine, & la feconde de François de Vaudemont, grand-
pere de M. le Duc de Lorraine
d'aujourd'huy : ces deux Princes qui étoient freres, étoient

coufins germains de ces deux Princeffes , qui étoient filles d'Henry Duc de Bar , & en-fuite de Lorraine . & de fa feconde femme ; car Cathe-rine de Bourbon fa premiere femme , ne demeura que fix mois avec luy : la diverfité de Religion les broüilla , & les porta à une feparation ; Cathe-rine mourut en 1604.

Dans ce même article, l'E-diteur fe trompe dans la lifte des Ducs de Lorraine. Le *Ge-rard*, qui mourut en 1048. ne fut jamais *Marchis* de Lorraine, comme il eft marqué dans la nouvelle édition ; ce fut fon fecond fils *Gerard* qui le fut par fon mariage avec Hedwige , heritiere du Comté de Namur, que ſa mere Hermengarde luy avoit laiſſé.

LE TASSE.

Le nom de l'Hiſtorien de ce Poëte eſt eſtropié, l'Editeur l'écrit *Decharné*, au lieu *de Char-nes*; c'eſt le Doyen de Ville-neuve lez Avignon, homme diſtingué par l'amour qu'il a pour les belles-lettres, & par les ouvrages qu'il a donnés de-puis quelques années au pu-blic : il travaille actuellement à la vie de Petrarque; mais ce que l'Editeur auroit pû ajoû-ter à ſon article, & qui l'au-roit bien embelli, c'eſt que

Jean-Baptiste Pigna, qui a fait l'Histoire des Princes d'Est, dont il étoit domestique, étoit cet ennemi du Tasse, dont celuy-cy se plaint en diverses occasions, sans le nommer, & duquel il a fait le portrait, & décrit les mœurs, d'une maniere si spirituelle dans son *A-minte*, sous le nom de Mopse ; cette remarque n'a pas été faite dans le Commentaire que M. Menage donna sur *l'Aminte*, non plus que dans la vie du Tasse de l'Abbé de Charnes ; je la dois à l'auteur des Essais de Litterature, qui donna un extrait de l'Histoire de ce Poëte dans son Essai de Juin & Juillet 1703. M. Bayle qui n'a dit que deux mots du Taſſe, dans la premiere édition de ſon Dictionnaire critique, avoit promis d'en augmenter l'article dans la ſeconde édition, il n'a pas tenu ſa parolle; je le ſomme de la part des Sçavans, de ſatisfaire à ſon engagement dans le ſuplément de ce même Dictionnaire, qu'on écrit de Hollande, qu'il va publier.

LUCIEN.

On remarque ſans peine que l'Editeur a voulu corriger le langage de Morery ſur la *Metamorphoſe, ou l'Ane d'or d'Apulée*, cependant il n'a pas rendu le ſien aſſez exact dans cette

occafion ; car dire que *l'Ane d or*
eft une paraphrafe du même fujet que Lucien avoit pris dans
Lucius Patras, auteur d'un Livre
de Metamorphofes, ou tranf-
formations, dont parle Photius,
n'eft point une locution exacte,
& ce n'eft pas dire que Lucius
de Patras avoit été abregé par
Lucien & paraphrafé par Apulée : c'eft ainfi cependant que
cet article devoit être reformé. De même, en parlant d'A-
pulée de Madaure , devoit-on
oublier dans l'énumeration de
fes ouvrages, *les Lettres à Corel-
lia*, qui font à la verité , écrites
dans un ftile fort libre, & fes
autres Traitez *de Republica*, *de*
Numeris, *de Mufica*, & fes *Lu-*

dicra, dont il parle luy-même dans son Apologie? c'est un Poëme assez ingenieux.

Lucius Brutus.

Morery a suivi l'autorité de Denis d'Halicarnasse, préferablement à celle de Tite-Live, au sujet de ce genereux Cytoyen Romain. Denis d'Halicarnasse le fait fils d'une fille de Tarquinius-Priscus Roy de Rome, qui étoit sœur de Tarquin, au lieu que Tite-Live le fait fils de Tarquinia, sœur du dernier Tarquin. M. Bayle démontre avec une évidence à laquelle on ne peut pas resister, que le sentiment de Denis d'Hard'Harlicarnaſſe en cette occaſion, eſt inſoûtenable, & qu'il faut neceſſairement ſuivre celuy de Tite-Live ; j'y renvoye le Lecteur.

LYCURGUE.

On a fait quelque changement à cet article, j'en conviens, & il n'eſt pas ſi defectueux qu'il l'étoit dans le ſuplément du Dictionnaire ; mais enfin il n'eſt pas encore exact : car il me ſemble qu'on ne diſtingue pas deux Lycurgues, l'un Orateur Athenien, fils de Lycophron, & petit fils d'un autre Lycurgue que les trente tyrans firent mourir ; & l'autre

F

Legiſlateur de Lacedemone. Ces deux perſonnages furent tout-à-fait differens, & c'étoit une faute groſſiere de les confondre, comme avoit fait l'auteur du ſuplément ; mais enfin ne trouvant dans la nouvelle édition qu'un Lycurgue, cela marque encore la diſpoſition où eſt l'Editeur de les confondre.

L'auteur du ſuplément avoit bien fait de bevûës dans cet article ; une des principales eſt, qu'en détruiſant les paroles de Plutarque, il faiſoit dire à cet auteur que Lycurgue chaſſa tous les faineans & tous les vagabonds, au lieu que le mot grec rendu par celuy de *male-ficus*, veut ſimplement dire,

qu'il chaſſa tous les malfai-
teurs. Il le fait enſuite vain-
queur dans les Jeux qui ſe cé-
lebroient en preſence du peuple, & Plutarque n'en dit pas
un ſeul mot. Il fit pluſieurs autres fautes groſſieres qui me
perſuadent que cet auteur n'é-
toit pas un grand Grec. M. Faydit, en parlant de Lycurgue
dans ſon nouveau livre, * doute
qu'il y ait eû deux Lycurgues,
& il ſemble qu'il confonde le
Roy de Trace avec celuy de
Lacedemone. Enfin aprés avoir
marqué beaucoup d'incertitude
ſur ce ſujet, il renvoye ſon Lecteur à Morery. Cette autorité
ne devroit pas être d'un grand

* Remarques ſur Virgile, &c.

F ij

poids pour un auteur auſſi fier que M. Faydit le paroît dans ſes ouvrages.

MARTIN AKAKIA.

Morery & ſes Continuateurs ont fait une lourde faute, ſur la patrie de ce Medecin; l'on a traduit le mot *Catalaunenſis* par *Catalan*, au lieu de *Chalo-nois* (ſi du moins on peut dire ce dernier mot.) S'ils avoient bien lû Quenſtet, dans ſon Livre *de patriis viror.* où ils nous renvoyent, ils n'auroient pas fait cette cruelle mépriſe. J'eſ-pere que ces Remarques em-pêcheront qu'on ſe méprenne dans les éditions ſuivantes, ſur la patrie du chef d'une famille qui est tres-considerable dans l'Ecole de Medecine de Paris.

MATTHIEU BOSSULUS.

Il est different d'un autre Jean Boßulus aussi François de nation, & qui l'a précedé de plus d'un siecle, mais qui comme luy, a été fort oublié dans sa nation. M. Bayle s'étoit fort plaint que Matthieu fut si peu connu dans la Republique des Lettres, quoyqu'il eut joüé un si grand rôle dans le monde. Il a-voit étéPrecepteur deDom Car-los fils de Philippe II. Roy d'Es-pagne : il avoit enseigné aupa-ravant la Rhetorique dans l'Academie de Valence. Ces marques d'honneur ne l'ont cependant pas tiré de l'oubly ; & malgré les tendres follicitudes deM. Bayle, il y eft refté. Qui eut crû que M. Vaultier, qui s'intereffe fi fort pour la gloire de fa nation, eut negligé d'informer la pofterité, que la France avoit donné à la Cour d'Efpagne, un homme de cette confequence ? On a cru que la caufe de cet oubly venoit de ce qu'il n'avoit point fait de Livres. Si on ne peut avoir l'immortalité qu'au prix de la qualité d'auteur ; en verité il faut avoüer, qu'il feroit fouvent plus avantageux de refter enfeveli dans la pouffiere avec le commun des hommes ,

& d'être du nombre de ceux dont le nom ne paſſe pas la premiere generation.

MAZZOLIN.

L'Editeur a adopté la faute qui a paſſée dans toutes les éditions, au ſujet de Sylveſtre Mazzolin, dit *Prierio* ou *Prierias* : ce General des Dominicains ne mourut pas à Rennes en Bretagne le 20. d'Octobre de l'année 1520. puiſqu'il dédia ſon Livre *de Strigi Magorum Dæmonumque mirandis*, au Cardinal Auguſtin Trivulſe, le 1. Mars de l'année 1521. Je ne ſuis pas ſurpris ſi les Editeurs ont copié cette faute les uns

des autres, puisqu'il n'y en a
pas un seul, qui parle de cet
ouvrage, lequel auroit servi à
redresser leur chronologie. Je
crois qu'on a pris François Sylvestre, aussi General des Dominicains, pour celuy-cy. Le
François mourut à la verité dans
le cours de ses visites à Rennes en Bretagne ; mais quand
ces deux Generaux, qui sont
fort differens, ne seroient qu'-
une même personne, l'erreur
n'en seroit pas moins grossiere,
puisque François Sylvestre, ne
mourut pas en 1520. mais en
1528. Ainsi quand la chose seroit, comme l'a supposé l'Editeur, ce seroit toûjours un ana-
chronisme de huit années.

Medicis.

MEDICIS.

Dans l'énumeration, que l'Editeur fait des auteurs qui ont écrit la vie, ou qui ont parlé du célebre Marquis de Marignan, Jean-Jacques de Medicis, qui étoit frere du Pape Pie IV. il est surprenant qu'il ne parle point de l'Histoire *Cisalpine d'Erycius puteanus*, ou plûtôt de l'Histoire des actions de Jean-Jacques de Medicis au tour du lac de Côme. *Erycius puteanus* est si connu dans la Republique des Lettres, qu'on a lieu d'être surpris que Morery & ses Continuateurs, ne le nomment point parmi les Histo-

riens du Marquis de Mari-
gnan. L'Histoire de Jean-Jacques de Medicis qu'il a composée, finit à la malheureuse
journée de Pavie, où François
I. fut pris prisonnier par les
Espagnols, & conduit à Ma-
drit. En un mot *Ericius puteanus*
étoit le principal auteur qui devoit être consulté pour avoir
des memoires surs & fideles
sur la vie du célebre Marquis
de Marignan, puisqu'il est
celuy qui en a été le mieux
instruit, & qui en a plus sçû
de circonstances secretes.

D'ailleurs dans l'article d'*Erycius puteanus*, en parlant de ses
ouvrages, l'Editeur ne dit
rien de celuy-cy. Galeasse Ca-

pella a fait une petite Histoire
qui ne contient que cinq pages, & qui peut servir de su-
plément à celle du Marquis
de Marignan, écrite par *Ery-*
cius putcanus : aussi elles ont été
imprimées ensemble : d'ailleurs
c'est une relation de la guerre
de Muzzo, petite Ville sur le
bord occidental du lac de Côme. Le Marquis de Marignan
fut, à proprement parler, l'auteur de cette petite guerre ; il
y gagna la Ville de Marignan,
une grosse somme d'argent, &
le titre de Marquis. Ce suplé-
ment a été oublié de même que
l'ouvrage auquel il sert d'ad-
dition.

G ij

MILLET.

Ce nom a été alteré dans cette édition, où l'on a mis *Milet* pour *Millet*, & cette faute est particuliere à cette édition, puisqu'elle n'est pas dans les autres. Il est important de la relever, afin qu'on l'évite dans les autres éditions; quand je dis *important*, c'est par rapport à un des plus grands Mathematiciens du siecle passé, qui a porté ce nom. Je parle de Claude François Millet de Chales de la Compagnie de Jesus, qui d'ailleurs étoit d'une des plus considerables maisons de Savoye; laquelle a donné des Archevêques à la Tarentaise, des Premiers Présidens à la Chambre des Comptes de Chambery, & plusieurs autres personnes constituées en dignité.

MILTON.

Cet article n'est pas assez exact. L'Editeur nous auroit donné une juste idée de cet auteur, s'il nous avoit appris ses veritables sentimens sur la Religion. Milton, qui écrivit tant pour justifier l'attentat que ses compatriotes formerent contre la vie de l'infortuné Charles I. leur Roy, étoit un homme sans Religion ; il en professa plusieurs à la verité, mais il ne faisoit que voltiger sur la surface de chacune; car il fut d'abord de la Religion Anglicane; trouvant ensuite la Secte des Puritains, qui sont de rigides Calvinistes qui s'éleverent en Angleterre en 1565. plus à son gré, il l'embrassa. La même legereté qui luy avoit fait abandonner la Religion Anglicane, luy fit aussi abandonner la Secte des Puritains, pour suivre celle des Anabaptistes; on crut alors Milton tout-à-fait fixé, mais on se trompa; la déclaration qu'il fit à la mort, qu'il n'étoit attaché à aucune Religion, le découvrit enfin pour ce qu'il étoit, c'est à dire, pour un impie déterminé.

Milton étoit un tres-mau

vais Poëte, & encore plus mauvais Orateur : ſes Poëſies ſont
pitoyables ; les loix de la quan-
tité y ſont violées preſqu'à tous
les vers ; on ſent en les liſant,
que c'eſt l'ouvrage d'un éco-
lier ; ainſi il n'avoit pas beſoin
de nous en avertir, on le re-
connoît aſſez en le parcourant.
Quelques auteurs ont prétendu
qu'il n'avoit pas écrit l'Apologie du peuple d'Angleterre, &
qu'il n'avoit fait que préter ſon
nom à l'ouvrage d'un Maître
d'Ecole François qui enſeignoit
alors les enfans à Londres.

Les deux Poëmes de Milton
les plus ſupportables, ſont en
vers non rimez ; le premier eſt
intitulé, *le Paradis perdu* ; le ſe-

cond , *le Paradis recouvré*. Le premier eſt beaucoup meilleur que le ſecond : c'eſt ce qui a donné lieu à quelques perſonnes, de dire, que l'on trouve bien Milton dans le Paradis perdu, mais non pas dans le Paradis recouvré. Saumaiſe fut le grand adverſaire de Milton, il le décredita beaucoup.

MONTROSE.

Il eſt étonnant qu'en parlant de ce Marquis, on ait oublié ſon nom de famille : c'eſt la premiere choſe qu'on doit remarquer, en parlant d'une perſonne diſtinguée; & quand on omet une circonſtance ſi essentielle à l'Histoire, il est à craindre que tout le corps de l'article ne se sente de la negligence de l'auteur. Mais ce ne seroit pas assez de faire remarquer au Lecteur l'omission, si je ne la reparois : il faut donc luy apprendre que le nom du Marquis de Montrose, étoit *Jean Greme*.

MORIGGIA.

On confond dans cet article les Jesuites & les Jesuates, puisqu'on donne la qualité de General des Jesuites, à Paul Moriggia qui ne le fut que des Jesuates : ce sont deux Ordres fort distincts. Cette faute a

échapée à tous les Editeurs de
Morery ; & elle eſt d'autant
moins excuſable, qu'il n'eſt pas
naturel d'ignorer de quel Ordre étoit un auteur auſſi célebre que le Pere Paul Moriggia ; un auteur, dis-je, qui a
enrichi la Republique des Lettres de ſoixante-un Traitez
differens.

NITARD.

L'Editeur ſe trompe au ſujet
du Cardinal Jean Everad Nitard, auquel il donne la qualité de Confeſſeur du feu Roy
d'Eſpagne, Charles II. Le Pere
Nitard Jeſuite ne fut pas Confeſſeur du Roy d'Eſpagne, mais

de la Reine sa mere, Marie-
Anne d'Autriche ; & la chose
est d'autant moins douteuse,
que c'est la confiance aveugle
que cette Princesse avoit pour
luy, qui luy attira les disgraces
dont feuë Madame d'Aunoy
nous a fait un détail si interes-
sant dans ses *Memoires de la Cour
d'Espagne.* Il est vray que ce bon
Pere fut obligé de sortir un
peu brusquement du Royaume
d'Espagne ; mais pour le con-
soler, on luy donna un Cha-
péau de Cardinal, quand il fut
arrivé à Rome. On n'avoit pas
d'autres récompenses à luy donner ; car on sçait que les Jesuites n'acceptent point d'Evê-
chez, & qu'ainsi on ne peut

couronner leurs services que
par la Pourpre Romaine.

PATRICE.

M. Bayle avoit pris soin d'a-
vertir les Editeurs de Morery,
que François Patrice Venitien,
qui vivoit sur la fin du 16ᵉ siecle, n'avoit point professé à Padouë. Si on avoit consulté l'Histoire de M. de Thou, on n'auroit pas copié cette faute des
anciennes éditions. Patrice,
aprés avoir professé 17. ans à
Ferrare, se retira à Rome, où
il fut attiré par les bienfaits de
Clement VIII. & il n'en sortit
plus. Cet Antiperipateticien
proposa des dogmes si singu-

liers fur les cinq voix de Por-
phire, que la plus grande partie des Philofophes de fon tems,
fe déchaînerent contre luy.

PAUL III.

Morery & fes Continuateurs,
difent fimplement que le Pape
Paul III. avoit eu avant fon
Pontificat, un fils & une fille.
Cette expreffion n'eft pas affez
précife; il falloit dire que ce
Pape avoit eu ces deux enfans
d'un legitime mariage, & cette
déclaration étoit d'autant plus
neceffaire, que l'expreffion obf-
cure de Morery, autorife l'opinion où font la plûpart des
Lecteurs, que les enfans du Pa-

pe Paul III. n'étoient pas legiti-
mes, & qu'ainſi la maiſon de
Parme d'aujourd'huy, vient des
bâtards de la premiere maiſon
Farneſe : cela eſt abſolument
faux ; Alexandre Farneſe avoit
eu avant d'être Pape, ſous le
nom de Paul III. Conſtance,
qui épouſa Baſio Sforce II. du
nom, Comte de S. Fiore, &
Pierre Loüis Farneſe, qui fut
d'abord Duc de Caſtro, & enſuite de Parme & de Plaiſance.
Le célebre Alexandre Farneſe
qui vint en France à la tête d'u-
ne nombreuſe Armée, étoit ſon
petit-fils.

M. l'Abbé Faydit en parlant
dans ſon nouveau livre, de la
mort tragique de Pierre Louis

Farnese, qui étoit lié d'interest
avec lesFiesques,contre les Do-
ria,nomme ceux-cy *Dauria*,com-
me dans un autre endroit, parlant de l'Abbé Cottinde l'Academie Françoise, il le nomme
Cautin. Ces sortes d'ortographes
singulieres, ne servent qu'à dé-
figurer les noms, & à les rendre
méconnoissables. M. de Thou
en les latinisant, les a corrom-
pus, & d'autres les défigurent
en les écrivant mal : les uns &
les autres ne cherchent qu'à se
singularifer.

PAULICIENS.

Morery & ses Continuateurs
ne se trompent que d'environ

un siecle sur le tems auquel ont vêcu, Paul & Jean deux freres, qui furent chefs de cette Secte détestable. Si l'Editeur s'étoit donné la peine de lire l'Histoire des Variations du célebre Evêque de Meaux, il auroit veu dans le XIe Livre, que ces deux freres vivoient dans le 7e siecle, & non pas dans le 8e, comme il l'a trop legerement avancé sur la foy de ceux qui avoient compilé avant luy le grand Dictionnaire Historique. Le Dogme fondamental de ces heretiques, étoit l'existence de deux principes coéternels & indépendans l'un de l'autre.

PELLISSON.

Je ne sçais pas si l'Editeur a voulu

voulu corriger dans cet article, M. Bayle, au sujet de Raymond Pelliſſon, un des ayeux de M. Pelliſſon de l'Academie Fran-çoiſe : dans le Dictionnaire cri-tique, Raymond Pelliſſon eſt Premier Preſident du Parle-ment ou Senat de Chambery : & dans la nouvelle édition de Morery, on change cette qua-lité en celle de Premier Preſi-dent de Dauphiné. Il eſt pour-tant tres-ſûr que ce Raymond a été Premier Preſident du Se-nat de Savoye, & non pas du Parlement de Dauphiné : c'eſt un fait de notorieté.

PENELOPE.

J'ay été ſurpris de trouver

H

dans l'article de cette Reine
d'Ytaque, la question, si Homere avoit été veritablement
un de ses amans, si peu éclaircie. L'Editeur se contente de
nous dire en termes generaux,
que quelques auteurs ont écrit
qu'Homere n'avoit tant loüé
Penelope, que *parce qu'il en avoit
été amoureux* : il auroit pû tran-
cher sur la negative, s'il avoit
pris la peine de lire les Notes de
Mezyriac, sur les Epitres d'O-
vide : cet habile homme ap-
porte des raisons demonstra-
tives, pour prouver que Penelope fut une femme tres-chaste;
d'ailleurs ce qu'Ausone en dit
dans sa 135e Epigramme, est
une preuve sans replique de sa

vertu. Les baisers de Penelope ne furent presque pas connus durant un si grand nombre d'années à Telemaque son fils, parce qu'il étoit un autre que son mary, à qui elle destinoit toutes ses caresses. Je conviens que Floridus Sabinus, dans son Livre des *Lectionum subcisiva-rum*, Lycophron, Herodote, & Dempsterus dans ses Paralipomenes, n'ont pas tenu le même langage : mais enfin les preuves d'Ausone, mises dans toute leur force par le sçavant M. de Mezyriac, doivent prévaloir dans cette occasion ; & c'étoit à l'Editeur à prendre un parti sur cette question, comme il l'a pris sur plusieurs autres peut-être beaucoup moins interesſantes.

PHILIPPE D'AQUIN.

Ce n'étoit pas une circonſtance à oublier dans la nouvelle édition , que Philippe d'Aquin, qui profeſſa la Langue Hebraïque à Paris , ſous le feu Roy Louis XIII , & dont il eſt fort parlé dans le procez du feu Marêchal d'Ancre , avoit été Juif. La nature même de ce procez, engageoit naturellement l'Editeur à examiner ce fait d'une maniere particuliere ; d'ailleurs la religion des auteurs doit toûjours être l'objet principal des Hiſtoriens.

P H R Æ A.

Dans l'article de l'Anglois Jean Phræa (non pas *Phreas*) l'Editeur a oublié de parler du chef-d'œuvre de cet auteur , qui cependant ne fut que son coup d'essay : Je parle de la traduction qu'il fit du discours de Synesius, l'auteur le plus difficile à entendre, qu'il y ait parmi les Grecs, & que tous les Traducteurs avoient jusques-là respecté. Ce discours étoit un éloge de la Chauveté ; Morery & ses Editeurs , ne sont pas les seuls qui ont oublié de parler de cette traduction.

PHILOSTRATE.

Morery n'a pas consulté cet auteur lorsqu'il a mit la mort d'Apollone de Tyane sous l'année 97. ou 99. cette faute auroit dû être corrigée dans la nouvelle édition, puisqu'il est certain que ce Philosophe mourut sous l'Empire de Nerva, c'est à-dire, en 96. ou tout au plus, au commencement de l'année suivante. Il a paru un nouvel ouvrage cette année sur ce sujet, qui doit être consulté.

PRETEXTAT.

Il y a long tems que Morery a été critiqué, pour avoir mal rapporté le conte que l'on fait du jeune Papyre Pretextat ; mais ses Continuateurs n'ont pas laissé de copier les fautes qu'il avoit faites sur cet article, & qu'on luy a tant de fois reprochées. Premierement, il n'est point vray que Pretextat, pour se défaire des importunitez de sa mere, qui le pressoit de luy dire ce qui s'étoit passé au Senat où son pere l'avoit mené un jour ; luy déclara que l'on avoit resolu que desormais chaque mari auroit deux femmes ; il luy dit au contraire, qu'on avoit examiné si cela seroit plus avantageux à la Republique, que d'ordonner qu'une femme épousat deux maris. L'espece, comme l'on voit, est assez dif-

ferente. Secondement, on a-
voit averti Morery de confir-
mer la verité de cette tradition par une autorité d'un plus
grand poids que celle de Macrobe ; en effet le seul témoignage
de cet auteur n'imposeroit pas
silence aux Critiques. On sçait
assez que c'étoit un diseur de
bons mots, & qui cherchoit
plus à rejoüir son Lecteur, qu'à
l'instruire de la verité des faits ;
cependant on n'a ajoûté dans la
nouvelle édition nul témoignage, à celuy de Macrobe ; il falloit donc rapporter celuy de
Caton, & celuy d'Aulugelle,
qui en parle dans son premier
Livre.

PRIOLO.

P R I O L O.

J'avoüe qu'on a rendu justice, dans la nouvelle édition, à
la memoire de feu M. Priolo,
qui avoit été cruellement dé-
chirée dans la premiere édition
du Dictionnaire Critique de M.
Bayle, & dans le *Sorberiana* ;
mais enfin l'Editeur auroit pû
parler dans un plus grand détail, des ouvrages ausquels M.
Priolo avoit travaillé, & qui,
à ce que je crois, n'ont pas encore veu le jour : en voicy les titres, que l'on inferera, si on le
trouve bon, dans la premiere é-
dition que l'on fera du Dictionnaire de Morery, *lib. 4. de stultitia*

I

humanæ gentis. (Il en eut pû faire au moins encore une douzaine) *Lib. 3. quæstionum naturalium, &c. opus emunctum, triginta annorum meditatio, quodjam celebratur sub apertiori titulo &c. de vita & gestis Henrici Rohanni Ducis : de vita & moribus Cæsaris Cremonini.* On dit même qu'il avoit fait des Notes sur le Traité de *l'Ame* de cet auteur, *vita Benjamini Prioli ; judicium de Scriptoribus græcis & latinis ; Epistolarum senilium ad maximos Europæ proceres centuria singularis.* L'auteur des Essais de Litterature, avoit aussi fort maltraité cet auteur *, sur la foy sans doute, de M. Bayle, comme celui-ci l'avoit fait sur

* Essay de Février 1703.

celle de Mrs Sorbiere & Grave-
rol ; mais il se retracta dans
la suite.   *

PRISCILLIEN.

M. Bayle critique souvent
Morery ; le Continuateur de
ce dernier, pouvoit à son tour
attaquer ce célebre Critique. Sa
matiere étoit ample dans l'article de Priscillien , sur tout
lorsqu'il dit qu'on a condamné
dans le 4^c & 5e siecle les Pris-
cilliens sur des chefs que l'on
a canonisez dans S. Augustin ,
& qui ont été confirmez par
les décisions de l'Eglise : il faut
consulter sur ce sujet la 93e E-
pitre de S. Leon.

* Essay d'Avril 1703.

P R O D I C C U S.

Est un heretique du second
siecle, qui, en qualité de Fon-
dateur d'une Secte, qui fit alors
beaucoup de bruit, ne devoit
pas être oublié dans la nouvelle
édition ; je parle de la Secte des
Adamites.

P U T E A N U S.

On avoit averti les Continuateurs de Moreri, de corriger leur chronologie, sur la
mort d'Erycius Puteanus ; mais
peu attentifs aux avis qu'on
leur donne, qu'ils ne prennent
pas souvent la peine de lire,

ils ont continué de placer cette mort sous l'année 1646. M. Bullard dans son second tome de l'Academie des Sciences , place précisément cette mort sous l'année 1644. en parlant du Livre *Statera pacis & belli.* On auroit pû ajoûter, que c'étoit un Livre tout-à-fait à l'avantage de Sa Majesté Catholique.

Quint-Curce.

L'Editeur a corrigé dans cet article, une partie des fautes qu'on avoit reprochées à Morery : mais enfin il ne nous apprend rien sur le tems, ni sur le siecle où Quint-Curce a vécu. On voit même qu'il apré-

hende de se déclarer. Mais
pourquoi ne pas préferer à tout
autre, le sentiment du Pere le
Tellier, qui fait vivre ce célebre auteur, sous le Regne de
l'Empereur Claude ? Ce sentiment paroît plus probable, que
celuy qu'il semble que l'Editeur favorise : il n'ose pas dire
qu'il a vécu sous l'Empire de
Vespasien, mais il l'insinuë ;
ces ménagemens préjugent son
incertitude.

R A M U S.

Cet article demandoit plus
d'étenduë ; l'exacte temperance
de ce Philosophe, comparée à
la délicatesse & à la profusion

des tables de ceux de ce tems,
meritoit sur tout quelques ré-
flexions.

RAPIN.

On a oublié bien des choses
en faisant l'éloge de ce sçavant
Jesuite, sur tout dans l'énumeration de ses livres; on n'a pas
dit un mot de celuy qui luy a
fait plus d'honneur. Je parle de
*Dissertatio de nova doctrina, seu
Evangelium Jansenistarum.* Cet ouvrage fut imprimé à Paris en
1658. la Lettre anonime qu'il
publia en 1680. fit aussi beaucoup de bruit, & fit tort au
parti qu'il attaquoit : le feu
Cardinal Cibo, auquel elle étoit
adressée, en fit de grands re-

mercimens à cet habile homme.

RIPAMONT.

Tous les Editeurs de Morery
ont oublié dans l'article de Joseph Ripamont, de parler de
son Histoire du Milanois ; ils
ont cité à la verité l'Histoire
Ecclesiastique de la Ville de
Milan qu'il a donnée ; mais outre cet ouvrage, il a composé
l'Histoire de sa Province ; & ce
sont deux livres tout-à-fait differens : d'ailleurs ces Editeurs
sont constans à écrire *Ripamont*,
& je leur soûtiens qu'il faut
écrire *Ripamonte*.

RONSARD.

Cet article est peu exact : l'E-
diteur place la naissance de ce

célebre Poëte, sous l'année 1524.
& plusieurs auteurs assurent
qu'il vint au monde la même
année que François I. fut pris
devant Pavie : c'est une époque
qui paroîtra singuliere au Lecteur : mais enfin quelques auteurs s'en font servis. Or François I. fut pris devant Pavie,
(& qui est-ce qui l'ignore ?)
le 25. Février de l'année 1525.
Ronsard vint donc au monde
en 1525. L'Editeur nomme la
mere de ce Poëte *Jeanne Chau-*
drier, & c'est Jeanne *Chandrier*. La
maison de Chandrier étoit assez
illustre, pour qu'on ne dût pas
ignorer la maniere dont le nom
qu'elle portoit, s'écrivoit : on
auroit pû nous dire quelque

chose du procez que Ronsard eut contre Joachim du Bellay, pour le recouvrement de quelques Odes que celuy-cy luy avoit volées. Cette affaire servit long tems d'amusement à la Cour ; mais Ronsard ne la regardoit pas comme une bagatelle, & il s'y échauffa d'une maniere extraordinaire. Mr Gueret, dans sa fiction ingenieuse, * maltraite fort Ronsard, sur la dureté & l'obscurité de son stile ; ce sont des défauts que plusieurs autres auteurs luy ont aussi reprochés ; d'ailleurs ce Poëte s'éloigne souvent des regles de la modestie ; & on trouve dans ses ouvrages

* Le Parnasse reformé.

quelques expreſſions qui ne donnent pas une grande idée de la pureté de ſes mœurs. Les Critiques ſur tout ont beaucoup crié contre quelques vers de la 2. Ode du 2. Livre, & ce n'eſt pas tout-à-fait ſans ſujet.

L'Editeur nous auroit bien dû éclaircir, ſi veritablement Ronſard a été Prêtre, comme quelques Miniſtres Proteſtans le luy reprocherent : pour moy je ne doute pas qu'il ne fut dans les Ordres ſacrez ; mais je ne crois pas qu'il eut pris celuy de la Prêtriſe. Je fonde la premiere partie de cette propoſition ſur les termes mêmes de ſa réponſe aux Miniſtres qui l'avoient at-taquez.

RUFIN.

Mr Bayle nous renvoye à Morery, pour apprendre dans son Dictionnaire les circonstances & l'année de la mort de ce favori de l'Empereur Theodose : J'adopte volontiers les circonstances, mais je rejette absolument l'époque de la mort : en effet il est plus juste de déferer, en cette occasion, à M. Flechier, qui met cette mort sous l'année 397. dans son Histoire de Theodose le Grand, qu'à l'autorité de Morery : d'ailleurs quelques reflexions de l'Editeur sur les doutes que la fortune insolente de Rufin, donna lieu de faire à Claudien, qu'il y ait une Providence , auroient sans doute bien ornées cet article.

SCHOMBERG.

L'Editeur a oublié dans l'article de ce Cardinal, de parler de la belle lettre qu'il écrivit sur la mort de Thomas Morus Chancellier d'Angleterre. Ce Cardinal étoit proche parent de la Religieuse que Luther épousa. Ce fut sur ce sujet qu'il prononça dans le Sacré College un discours si touchant qu'il fit répandre des larmes à plusieurs Cardinaux : il a été parlé de ce discours dans quelqu'un de ces ouvrages periodiques * qui ont paru en si grand nombre depuis quelque tems.

* Essais de Litteratures.

SCIOPPIUS.

Il paroît que l'Editeur n'a pû éclaircir la veritable datte de la mort de Scioppius, car il n'en dit rien. Il eſt vray qu'on a parlé fort diverſement du tems où elle arriva ; mais c'étoit préciſément la raiſon qui devoit engager noſtre auteur à ſe déterminer. M. Baillet rapporte les differentes opinions des auteurs de ce tems, ſur ce point particulier ; mais conſtamment Scioppius mourut l'an 1649. Les preuves qu'en rapporte M. Bayle ſont déciſives : Patin place auſſi cette mort ſous cette année-là, & on ne peut pas en douter, quand on lit la 15ᵉ Lettre (de la premiere édition) du Recueil de celles qu'on a publié de cet auteur. On a oublié de parler dans la nouvelle édition, du plus sanglant des Livres qu'il publia contre les Jesuites, pour lesquels il avoit une haine implacable ; c'est *Anatomia Societatis*, *&* de *Stratagematis Jesuitarum*. Ce Livre fit beaucoup de bruit, & ne fit pas tout l'honneur à Scioppius qu'il en esperoit. Les meilleurs ouvrages de cet auteur, sont ceux qui n'ont pas été publiez, & qui resterent entre les mains du sçavant Pieruccius son heritier universel. La conformité qu'il y eut dans les principes de ce célebre Critique , & dans ceux du Jesuite Melchior Inchoffer,a fait croire que les memoires de l'un avoient passé entre les mains de l'autre , qui s'en étoient servi contre les Jesuites.

SENNERT.

L'Editeur se trompe sur l'année de la naissance de ce célebre Medecin , & il la recule de 5. ans , sans en avoir aucune raison apparente. Il la place sous l'année 1577. & constamment elle appartient à l'année 1572. d'ailleurs nostre auteur dit d'une maniere trop concise, & un peu trop séchement , que le sentiment de ce Philosophe,

sçavoir

sçavoir, que *l'ame des bêtes n'est pas materielle*, le fit accuser d'impieté. En débitant ce Dogme, il devoit en même tems dire tout ce qui l'accompagnoit, & les raisons dont Sennert l'appuyoit. Ce Medecin ne disoit pas simplement que *l'ame des bêtes n'est pas materielle*, mais il y rejettoit (*lib.* 1. *de plast. seminis facultate*) l'opinion de ceux qui soûtiennent, qu'elle n'est pas d'une nature plus noble que les élemens; & il disoit, que de sa nature, elle est aussi immortelle que l'ame de l'homme : de sorte que si celle-cy ne perit pas avec le corps comme l'autre, c'est par une grace particuliere du Créateur. Il avoüoit à la verité que

K

l'ame des bêtes n'eſt pas pro-
duite de la matiere ; ainſi il ſe
mocquoit de l'éduction des Sco-
laſtiques. Mais enfin tant qu'il
ne diſoit pas que cette ame étoit
réellement immortelle, il n'y
a pas lieu de le taxer d'impieté.

SEXTUS AB HEMMINYA.

Cet article a été oublié, ou
peut-être, cet auteur n'eſt pas
connu ; il doit l'être beaucoup
des Aſtrologues, puiſqu'il fut
dans ſon ſiecle à leur égard, ce
que fut le célebre Pic de la Mi-
rande dans le ſien ; jamais homme ne fut plus attaché à cette
ſçience, que le fut Sextus dans
les premieres années de ſa vie ;

mais ayant eu le tems d'en con-
noître l'illusion, & l'inutilité,
il en devint dans la suite, un des
plus rudes adversaires, & il luy
porta de terribles coups. Heureux s'il avoit pû réussir à dé-
tromper entierement les hommes d'un art qui en a déja tant
séduit. Le Sextus, dont je parle,
fut un grand Geomettre, &
c'est par les progrez qu'il avoit
fait dans cette mere des sçien-
ces, qu'il découvrit la vanité de
l'Astrologie, & qu'il resolut d'é-
crire contre ses principes. L'Astrologie a eu d'illustres Sectai-
res ; M. Faydit, dans ses Remarques sur Virgile & sur Homere,
dit que le Pape Paul III. y étoit
fort attaché, & qu'il donna l'E-

vêché de Civita-Vecchia à Luc
Gauric de Fano , parce qu'il y
étoit tres-habile : ce fait auroit
befoin de quelques preuves.

SIMONIS.

Theodore Simonis , ou Si-
mon , eft un auteur qui a fait
affez de bruit , pour ne devoir
pas être oublié , dans le grand
nombre d'articles des Simons ,
& des Theodores qu'on trouve
dans la nouvelle édition. J'a-
voüe qne j'attendois avec im-
patience de voir comment l'E-
diteur traiteroit cet article : je
ne fçai s'il a eu des raifons pour
l'omettre , ou fi c'eft un pur ou-
bli. Simonis fut un des plus

grands amis du fameux Evêque d'Ypres, & si quelque chose a fait tort à la memoire de
Jansenius, ce sont principalement les liaisons qu'il a eu avec
cet Allemand, auquel on attribuë le Livre *de Atheismo in Polo-*
nia, ex atheo libello, &c. Quelques auteurs ont entrepris de le
justifier de cette terrible accusa-
tion, mais ce n'a pas été avec
tout le succez qu'ils ont crû. Il y
a eu un François Simonis, auquel on a attribué le Livre *de*
fraudibus Hereticorum, du Pere
Hestrier.

SOPHRONIE.

L'Editeur n'a point corrigé
les fautes où Morery étoit tom-

bé en parlant de cette Dame
Romaine. Il est vray qu'Eusebe de Césarée parle de sa bauté
& de sa chasteté dans le 14ᵉ ch.
de son 8ᵉ liv. mais il ne la nomme point, & on ne sçait d'où
les Historiens luy ont donné
dans la suite, le nom de Sophronie. M. Bayle, à qui peu de choses échapent, avoüe qu'il n'a
trouvé en aucun endroit le nom
de *Sophronie*; ainsi l'Editeur devoit s'abstenir de citer Eusebe,
comme son garant à l'égard de
ce nom. Ce n'est pas la seule
faute qu'il a copiée dans les premieres éditions; par exemple,
sa locution n'est pas exacte, lorsqu'il dit que cette Dame peut
être appellée la Lucrece Chré-

tienne ; ce n'eſt pas là le ſens des paroles de Charles Eſtienne que Morery, & ſes Continuateurs ont mal traduites.

SPANHEIM.

Dans cet article il eſt parlé du feu Roy d'Angleterre, Guillaume III. comme s'il vivoit encore : Ce Prince mourut en 1702. & le Dictionnaire a été achevé ſur la fin de l'année 1704., ainſi l'article *Spanheim* étant dans le dernier volume qui a été imprimé, plus de deux années aprés la mort de ce Prince, on auroit pû eviter cette locution, *Guillaume Prince d'Orange, à préſent Roy d'Angleterre,* puiſ-

qu'il y avoit deux années entieres que ce Roy étoit mort,
lorſqu'on ſe ſervoit du mot, *à
preſent.*

STOFLER.

Dans l'article de ce célebre
Mathematicien, on devoit naturellement y trouver quelques
traits de l'amitié qu'il eut pour
Munſter ſon diſciple, auquel
il laiſſa des copies de tous
ſes ouvrages dont celuy-cy ſçût
bien faire ſon profit dans la ſuite, & s'en ſervir à publier ſous
ſon nom, d'excellens Traitez.

STROZZY.

L'article de Philipe Strozyz
eſt

est bien sec : ce genereux Ci-
toyen, qui se sacrifia pour la li-
berté de sa patrie, meritoit quelque chose de plus : on ne devoit
pas sur tout oublier ce vers de
Virgile, que ce brave Floren-
tin écrivit sur sa cheminée avec
la pointe de son poignard, un
moment avant que de mourir.

Exoriare aliquis nostris ex ossibus ultor.

SULPICE SEVERE.

On avoit déja averti les Continuateurs de Morery, qu'il
n'est pas sûr que cet Historien
fût de l'Agenois, & que parce
qu'il dit dans ses ouvrages,que
Phœbadius d'Agen étoit son E-
vêque, ce n'est pas une raison

d'en conclure qu'il étoit luy-
même de ce Diocese ; cependant ils ont tranchés sur la dif-
ficulté, qui ne laisse pas de subsister malgré leur décision, &
qui a même beaucoup de partisans.

TAVERNIER.

L'Editeur a oublié dans l'article de ce célebre voyageur, de
dire quelque chose des démêlez
qu'il eut autrefois avec les auteurs Hollandois. Il fut l'ag-
gresseur dans son *Histoire de la
conduite des Hollandois en Asie*, & il
y maltraita beaucoup les Direc-
teurs de la Compagnie des In-
des Orientales. L'auteur de *l'esprit de M. Arnauld*, vengea peu

de tems aprés ces Messieurs. M.
Jurieu prit pour eux le fait &
cause en main, & se déchaîna
d'une maniere tout-à-fait indi-
gne, contre le pauvre M. Tavernier, qui se trouva encore
dans la suite mêlé dans la que-
relle du Pere le Tellier, & de
M. Arnauld. Ce voyageur ne
parla pas des Jesuites avec toute
la moderation qu'il devoit dans
les relations qu'il donna ; cette
conduite luy attira quelques
coups de plumes dans la seconde
partie de la *défense des nouveaux
Chrétiens*, dont M. Arnauld à la
verité, le vengea dans la suite
dans son 3e tome de la Morale
pratique. Qui auroit jamais crû
qu'un negociant eut été pour

quelque chose dans la contesta-
tion de ces deux sçavans hommes ? Il me semble que ce fait,
& le premier dont j'ay parlé,
auroient assez embelli l'article
Tavernier.

TETTI.

Cet article meritoit une place dans la nouvelle édition :
Scipion Tetti a fait assez de bruit
dans le 16ᵉ siecle, pour qu'on
ne dût pas l'oublier dans cet
ouvrage : c'étoit, dira-t-on, un
homme rempli de mauvais
principes de Religion, dont il
est important d'éteindre le souvenir. Selon ce raisonement, il
faudra dire que saint Epiphane
s'est donné une peine bien inu-

tile, & même que son travail
peut avoir eu des suites dange-
reuses, luy qui nous a donné
un recueil de toutes les here-
sies qui s'étoient formées dans
le sein de l'Eglise jusques à son
tems. Bien loin qu'un travail
comme celuy-là soit dangereux
pour la Religion, je le crois au
contraire, avec un saint Pere,
tres-utile pour l'établissement
de la foy. Cette diversité de
sentimens ; cette contrarieté
continuelle entre ceux qui ont
abandonné le point fixe de l'u-
nité, ne marquent-elles pas in-
vinciblement la divinité de notre Religion ? ne marquent-elles pas que hors cette unité de
l'Eglise, il n'y a plus qu'illu-

fions, que precipices, & que
dangers ?

Revenons à Scipion Tetti :
ce qui luy attira de facheufes
difgraces, telles fur tout que
M. de Thou nous les décrit (*in
vita fua lib.* 1.) fut fon petit
Traité des *Apollodores*. M. Baillet
qui en a parlé dans fes ouvrages, en fait beaucoup de cas ;
ce Bibliographe auroit dû cependant le loüer fobrement ; les
erreurs dont on accufoit Tetti,
& que l'on difoit qu'il avoit ré-
panduës dans ce petit ouvrage,
n'étoient pas un titre legitime
pour meriter *l'eftime* de M. Baillet : à cet ouvrage prés , les
mœurs de Tetti étoient affez
reglées, & Benoît Ægius, qui

publia le livre de cet auteur,
en dit beaucoup de bien dans
ſes Notes; & je ſuis perſuadé
que ſi le Tetti ne s'étoit pas
trouvé dans un païs, où l'appa-
rence & l'ombre du crime ſur
certaines matieres, paſſent pour
le crime même, il n'auroit pas
eſſuyé le triſte ſort où il ſe vit
expoſé à la fin de ſes jours.

TIMOMAQUE.

L'Editeur ſe trompe quelque-
fois dans ſes ſupputations arith-
metiques; en voicy un exemple : dans l'article de *Timoma-*
que, il dit que Céſar acheta de
ce Peintre, le tableau de Me-
dée & d'Ajax, 80. talens qui re-

viennent à la somme de 48000
écus : il se trompe, 80. talens
font une plus grosse somme de
notre monnoye, si on s'en rapporte au sçavant Jesuite, qui
nous a donné cette belle édition de Pline, où il est parlé de
Timomaque, & du marché
qu'il fit avec César, on trou-
vera que 80. talens font 19200.
livres de notre monnoye.

TIRANNION.

Cet article a été assez bien corrigé ; mais on ne devoit pas oublier de parler du nombre des
Livres que cet auteur a fait ; celuy qu'il composa pour prouver
que la langue latine descendoit

de la langue grecque, meritoit
fur tout une remarque dans un
livre de la nature d'un Dictionnaire.

TYRESIAS.

Il manque bien des chofes à
l'article de cet ancien Devin :
en le voulant trop corriger, on
l'a entierement défiguré. On
n'a rien dit fur la Necromantie
que Tyrefias profeffoit ouver-
tement, ni fur le fentiment que
Lucien luy attribuë dans fon
Traité de *l'Aftrologie*.

TANAQUIL.

Cet article eft mutilé : on ne
connoît point le merite de cette

illuftre Reine, par ce qu'en difent Morery & fes Continuateurs. Le feul merite de fçavoir
faire des étofes, (c'eft tout ce
qu'en dit l'Editeur) n'eut pas
été un titre pour faire paffer
fon nom à la pofterité, & pour
engager S. Jerôme à en parler
fi avantageufement, dans fon
livre contre Jovinian. Ce Pere
remarque, que Tarquin l'ancien
eft bien moins connu que fon
époufe, & que la vertu de cette
Reine ne s'effacera jamais de la
memoire des hommes. Le feul
défaut qu'on luy a reproché,
c'eft d'avoir été trop imperieu-
fe, c'eft Juvenal qui femble le luy
vouloir attribuer dans fa fixié-
me Satyre : mais ce reproche ne

sçauroit subsister avec les loüan-
ges excessives que luy a don-
nées S. Jerôme. C'étoit à l'habi-
leté de l'Editeur à lever ces con-
tradictions.

TONNERUS.

Cet article a été oublié, &
je crois qu'il ne doit pas l'être
dans une nouvelle édition.
Tonnerus fut un tres-sçavant Jesuite d'Allemagne, qui s'est rendu célebre par ses ouvrages, &
sur-tout par l'anatomie de la
Confession d'Ausbourg, qu'il
publia, & qui luy attira de terribles adversaires.

TRUSCHES.

Il y a long-tems que les Editeurs de Morery devroient avoir

ouvert les yeux sur une erreur
grossiere, où ils sont tombés
en parlant de Gebhard Trufches Archevêque de Cologne,
qu'ils font successeur immediat
de Jean Gebhard de Mansfeld,
aussi Electeur de Cologne. De-
vroient-ils ignorer qu'il y a eu
trois Electeurs, entre Mansfeld,
& Trufches ? En cela le dernier
Editeur est moins excusable que
les premiers, puisque s'il s'étoit
donné le loisir de consulter les
ouvrages des Critiques, il auroit reconnu l'erreur de ceux
qui ont donné les premieres é-
ditions, & en dernier lieu, il
n'avoit qu'à consulter *la réponse
aux questions d'un Provincial*, du
célebre M. Bayle ; il auroit

trouvé un article particulier, dans lequel ce sujet est fort détaillé. Le mot *Trusches* se trouvant à la fin du Dictionnaire, qui n'a été achevé que les derniers mois de l'année derniere, & le livre de M. Bayle ayant paru en France dans le milieu de cette même année, l'Editeur auroit encore été à tems de corriger cette faute, mais il en coûte trop quand on veut faire les choses dans la derniere exactitude. Il y a beaucoup de conformité dans la conduite de ces deux Electeurs. Trusches, à l'exemple de Mansfeld, trouvant la loy du célibat trop dure, en secoüa le joug, & se maria; mais il n'imita pas la

docilité de son Prédecesseur,
qui, convaincu de l'incompa-
tibilité qu'il y a entre une femme & un Archevêché, se sou-
mit aux loix de l'Eglise, &
abandonna de bonne grace sa
dignité; au lieu que Truschés
disputa jusqu'au dernier moment de sa vie pour conserver
l'un & l'autre : le rapport qu'il y
a dans les avantures de ces deux
Prelats, a sans doute obligé
Morery & ses Continuateurs,
de les raprocher si fort.

URCEUS.

La patrie de ce sçavant homme ne devroit point faire la matiere d'un paradoxe : l'Editeur
a trouvé M. Bayle incertain sur
ce sujet, & flottant entre les

divers sentimens de Pierius Valerianus & de Gesner, il a hesi-té à son exemple. Mais le doute n'étoit pas difficile à lever, & dans cette occasion, l'autorité de Pierius Valerianus ne doit pas balancer celle de Gesner, parce que celuy-cy parle sur la foy & sur le témoignage de Barthelemy de Boulogne qui a fait la vie d'Urceus. Or un His-torien, un Auteur qui a tra-vaillé *ex professo* (pour ainsi par-ler) à la vie d'un homme, est bien plus croyable, qu'un autre qui n'a fait que compiler, & qui a plûtôt travaillé à donner l'éloge de quelques Sçavans, qu'à donner une Histoire exacte de leur vie. Un auteur de ce dernier genre, ne s'attache guerre à approfondir chaque sujet ; cela le meneroit trop loin : il s'attache plus à rassembler une infinité de materiaux, qu'à en choisir de bons ; mais un Historien particulier, tel qu'à été Barthelemy de Boulogne ; un auteur, dis-je, dont l'exactitude est si connuë, doit bien plûtôt en être crû, que Pierius Valerianus, qui avoit plus à cœur de donner au public son ouvrage (*de infelicitate Litteratorum*) tel qu'il fut, que de donner une Histoire suivie & détaillée de chacun de ceux dont il parloit dans son livre. Ainsi il est bien plus probable qu'Antoine Urceus étoit d'Herberia, petit Bourg

Bourg du Territoire de Reggio, à sept mille de Mantouë, que de Ravenne, comme l'assure Pierius Valerianus.

L'Editeur nous auroit pû donner la priere que Spizelius met à la bouche d'Urceus, dans le moment qu'il se vit prêt de mourir. Elle est singuliere, & tres-propre à persuader les Athées, s'il est vray qu'il y en ait dans le monde, qu'il n'est point d'intrepidité qui tienne contre les fraïeurs de la mort, & que dans ces derniers momens, l'esprit prêt de sortir des liens du peché, commence à percer les ténebres dont il étoit environné, & à voir enfin les choses telles qu'elles sont en elles-

M

mêmes : voicy la priere...

Qui cælum incolis fer quæso opem pecca-
tori, noli me, qui tuum in sinum confugio sup-
plicem rejicere. Si unquam peccantem homi-
nem voti reum fecisti, sic mihi extrema oranti
dextram ab alto porrigas oro.

Au reste, jamais homme de
Lettres ne merita à plus juste
titre, une place dans le livre de
Pierius Valerianus, qu'Antoine
Urceus. Le desespoir qu'il fit paroître de l'incendie de sa Bibliotheque & de ses papiers, est
d'une nature à effrayer tous
ceux qui en liront les circonstances. Aussi la resolution qu'il
prit de se dérober pour jamais à
la veuë des hommes, & de s'en-
foncer dans le plus épais des
forests, ne peut avoir été dictée

que par le plus grand defespoir.

WESTPHALE.

Il eft vray que l'Editeur a corrigé l'article de Jean *Weftphale*,
qui eft un Theologien imagi-
naire, auquel Morery attribuë
des erreurs abominables. Mais
il a plus fait qu'on ne luy demandoit, car on n'exigeoit pas
qu'il fuprima tout l'article, mais
bien qu'en ôtant à Jean Weftphale la qualité de Theologien,
qui certainement ne luy étoit
pas dûë, il luy rendit celle d'Imprimeur qui luy appartient. Ce
Jean de Weftphale ou de *Weft-*
phalia, n'eft pas un perfonnage
fi obfcur, qu'il ne mérita une
place dans le Dictionnaire. C'eft
le premier Imprimeur qui parut

dans les païs bas ; il s'établit à Louvain en 1475. & les Morales d'Aristote, furent son premier ouvrage.

XENOPHANES.

L'article de ce Philosophe est bien mutilé ; à juger de sa doctrine par ce que l'on en a dit dans la nouvelle édition du Dictionnaire historique, & par ce qu'en ont dit Diogene Laerce dans la vie des Philosophes, & Ciceron dans son livre, *de natura Deorum,* on seroit volontiers tenté de croire, que ce sont deux personnages differens : l'Editeur nous dit simplement qu'il admettoit quatre élemens, & une infinité de mondes. Si toute sa doctrine avoit été reduite à ces

deux chefs principaux, auroit-
elle paru si pernicieuse à quelque Sçavans ? & leur auroit-elle
donné lieu d'inferer que Spino-
za avoit puisé les fonds de son si-
stême impie des principes de cet
ancien Philosophe ? Qu'auroit-
elle enfin cette doctrine, de
plus que ce que le célebre M.
Huygens, & M. de Fontenelles
nous ont appris dans leurs ingenieux ouvrages. Mais Xenophanes avoit bien d'autres principes
il disoit précisement que l'entendement est Dieu, & que tout
ce qui est infini est Dieu. Eusebe
de Césarée luy reproche d'avoir
enseigné que la nature est éter-
nelle *à priori*, & *à posteriori*, &
qu'elle est toûjours semblable à

foy-même. Si nous en croyons
la conjecture d'un fçavant Critique , ce Philofophe préten-
doit que l'entendement divin, a
tâché de donner à toutes les
créatures un état de perfection ;
mais qu'ayant trouvé dans la
matiere d'invincibles obftacles,
il n'a pas pû toujours executer
fes deffeins ; & qu'ainfi il a été
contraint , en certaines occa-
fions, de produire de mauvaifes
chofes : & voilà fans doute , la
fource déteftable d'où Manés a
tiré la doctrine de fes deux principes , l'un auteur de tout bien ,
& l'autre auteur de tout mal. Ce
n'eft pas qu'à prendre le prin-
cipe fous une certaine face , il
ne foit fufceptible d'une inter-

pretation favorable ; car si ce
Philosophe a voulu dire que les
douceurs de la vie n'égalent pas
les amertumes qui l'accompa-
gnent ; on jugera aisément qu'il
n'avoit pas beaucoup de tort ,
& que sa moralité n'est pas souvent hors d'œuvre ; & je crois
que c'est de Xenophanes que le
célebre Historien de la nature ,
qui a paru plusieurs siecles aprés
luy, a emprunté cette pensée ,
lorsqu'il a dit au commencement de son 7ᵉ livre , que les
biens que la nature nous fait,
font mêlez de tant de maux,
qu'il ne sçait si, *parens melior ho-*
mini an tristior noverca fuerit.

Voilà les Remarques que j'ay
faites sur la derniere édition de

Morery; j'en eu pû faire un plus grand nombre, mais j'ay été bien aife de preffentir le goût du public : s'il les agrée, & qu'il les juge utiles à une nouvelle édition, j'en pourray donner la fuite.

Je ne dois pas cependant finir, fans dire un mot des additions confiderables qu'on trouve dans la nouvelle édition de 1704. Elle contient plufieurs articles qui n'étoient point dans les premieres; comme des Differtations, des Généalogies, & d'autres Remarques importantes. Par exemple, on trouve dans le premier volume une Differtation tres-curieufe, fur *l'Alteffe Royale*, qu'on a donnée

à

à tant de Princes depuis quelques années. L'article qui regarde M. de Sallo (*le pere & l'auteur de tous les Journaux*) a été corrigé avec beaucoup d'exactitude. L'article de Duranti a été grossi d'une curieuse Dissertation au sujet du livre *de ritibus*, &c. C'est au Pere Mersenne, ou à ses partisans, d'en examiner la valeur.

L'article de la Trappe a été ajoûté : les Généalogies ont été reduites à un ordre tres-commode & tres-intelligible ; à la verité celle de Saulx-Tavanes doit être retouchée ; car les deux branches de cette maison ne sont pas assez distinguées, & on ne sçait de qui est fils le

N

dernier Comte de Tavanes,
qui avoit épousé Mlle d'Aguef-
fau. Je fçais bien qu'il étoit
fils de Jacques de Saux, & de
Louife - Henriette Potiers-Trê-
mes ; au lieu qu'on donne pour
fils à celuy-cy, le Marquis de
Tavannes, qui a épousé N…
de Bourbon Buffet, laquelle
defcend d'un fils naturel du
Cardinal Charles de Bourbon.

La Généalogie de Savoye a
été tres - bien éclaircie, & on
en a ajoûté plufieurs autres,
comme celles de Rouffelet-
Château-Renauld, de Roifin,
de Marca ou la Marque ; de
Servient ; de Tonnelier - Bre-
teüil ; de Tournebu ; d'Hof-
tung-labaume; de Tournemine,

la même maison dont est le sçavant Jesuite Tournemine; de
Costantin-Tourville; de Val-
belle; de Vincent de Mauleon,
de Saignez-d'Astraud de Cau-
sans, de Frezeau la Freze-
liere, & Fouquet.

Celle de Phelipeaux a été
corrigée. Celle de Bignon a été
mise dans l'ordre où elle doit
être.

On doit corriger dans la Généalogie de Voyer, le mot *re-*
vau, qui est mal écrit, il faut
rivau.

F I N.

APPROBATION.

J'Ay lû par ordre de Monseigneur le Chancellier, un manuscrit intitulé, *Remarques critiques sur la nouvelle édition du Dictionnaire historique de Morery, &c.* & je n'y ait rien trouvé qui en puisse empêcher l'impression. A Paris le 26. Juillet 1705.

POUCHARD.

PRIVILEGE DU ROY.

LOUIS, par la grace de Dieu, Roy de France & de Navarre : A nos amez & feaux Conseillers , les Gens tenans nos Cours de Parlement , Maistres des Requestes ordinaires de notre Hostel, Grand Conseil, Prevost de Paris, Baillifs, Senéchaux, leurs Lieutenans Civils , & autres nos Justiciers qu'il appartiendra : Salut , notre bien amé JACQUES EDOUARD, Nous a fait remontrer qu'il desireroit faire imprimer & donner au public, *des Remarques critiques sur la nouvelle édition du Dictionnaire historique de Morery, donnée en 1704. par M. ****, approuvées par M. Pouchard le 26. Juillet de la presente année 1705.* Il nous a fait supplier de luy en accorder nos Lettres sur ce necessaires. A CES CAUSES, voulant favorablement traiter l'Exposant, Nous luy avons permis & accordé, permettons & accordons par ces Presentes, de faire imprimer par tel Libraire & Imprimeur qu'il voudra choisir, vendre & debiter par tout notre Royaume , *les susdites Remarques critiques,* en un ou plusieurs volumes , marge, caractere, & autant de fois que bon luy semblera , pendant le tems & espace de trois années entieres & consecutives, à commencer du jour de la datte des Presentes : durant lequel tems, Nous faisons tres-expresses inhibitions & défenses à tous Libraires, Imprimeurs, & autres personnes de quelque qualité & condition qu'elles

soient de notre bonne ville de Paris, de les imprimer ou faire imprimer, à peine de quinze cens
livres d'amande, & de tous dépens, dommages &
interefts : à la charge que l'impreffion s'en fera
dans notre Royaume & non ailleurs, & ce en
beau papier & beaux caractères, fuivant nos Re-
glemens fur le fait de la Librairie & Imprimerie ; & qu'avant d'expofer en vente ledit Livre
des Remarques critiques, il en fera mis deux
Exemplaires dans notre Bibliotheque publique,
un en celle de notre Cabinet des Livres de notre
Château du Louvre, & un dans celle de notre
tres-cher & feal Chevalier Chancelier de France
le Sieur Phelypeaux Comte de Pontchartrain,
Commandeur de nos Ordres, & que ces Prefentes feront enregiftrées és Regiftres de la Com-
munauté des Imprimeurs & Libraires de Paris,
dans trois mois, le tout à peine de nullité des Prefentes : du contenu defquelles vous mandons &
enjoignons de faire jouir l'Expofant ou ces ayant
caufes, pleinement & paifiblement, ceffant & fai-
fant ceffer tous troubles & empêchemens contraires.
Voulons qu'en mettant au commencement ou à
la fin *defdites Remarques critiques*, Copie des
Prefentes, elles foient tenuës pour dûëment figni-
fiées, & qu'aux Copies collationnées par l'un de
nos amez & feaux Confeillers Secretaires, foy foit
ajoûtée comme à l'Original. Commandons au
premier notre Huiffier ou Sergent fur ce requis,
faire pour l'execution des Prefentes, toutes figni-
fications, défenfes, faifies, & autres actes & Ex-
ploits neceffaires, fans pour ce demander autre
permiffion, C a r tel eft notre plaifir. Donne'
à Verfailles le quinziéme jour de Novembre,
l'An de Grace mil fept cens cinq ; & de notre

Regne le foixante-trois. Par le Roy en fon Confeil,

Signé, LE FEVRE.

*Regiftré fur le Regiftre n. 2. de la Commu-
nauté des Libraires & Imprimeurs de Paris,
page 48. conformément aux Réglemens, & no-
tamment à l'Arreft du Confeil du 13. Aouft 1703.
A Paris le deuxieme jour de Decembre 1705.*

Signé, GUERIN, Syndic.

Fautes à corriger.

Page 17. lig. 8. *ce Duc*, lif. *cet Empereur.*
P. 17. lig. 16. & 17. *quoiqu'il en foit*, lifez,
quel qu'il foit. P. 56. lig. 13. *acheva* lif. *l'acheva.* P. 75. lig. 7. *l'ailleurs*, lif. *cette derniere.*
P. 88. lig. 3. *cette*, lif. *la*, & lig. 4. *deteſla-
ble*, lif. *Pauliciens.* P. 94. lig. 17. *cette année*, lif. *en 1704.* P. 112. lig 6. *s'en étoient*,
lif. *s'en étoit.* P. 113. lig. 9. *otez y.*

De l'Imprimerie de P. A. LE MERCIER, 1705.

www.ingramcontent.com/pod-product-compliance
Lightning Source LLC
LaVergne TN
LVHW020632200726
843508LV00002B/578